해커스 공인중개사 홍승한 핵심요약집

2차 부동산공시법령

㏊ 해커스 공인중개사

홍승한

약력
- 서울시립대학교 법학 학사
- 서울시립대학교 부동산학 석사
- 상명대학교 부동산학 박사

현 | 해커스 공인중개사학원 부동산공시법령 대표강사
해커스 공인중개사 부동산공시법령 동영상강의 대표강사

전 | 금융연수원 부동산공시법령 강의
EBS 부동산공시법령 강의
웅진랜드캠프 부동산공시법령 강의
한국법학원 부동산공시법령 강의
새롬행정고시학원 부동산공시법령 강의

저서
- 부동산공시법령(기본서·문제집), 웅진랜드캠프, 2008~2009
- 부동산공시법령(기본서·문제집), 고시동네, 2010~2013
- 부동산공시법령(기본서·문제집), EBS, 2011~2012
- 부동산공시법령(기본서·문제집), 한국법학원, 2013~2016
- 부동산공시법령(기본서·문제집), 새롬행정고시학원, 2017~2019
- 부동산공시법령(기본서), 해커스패스, 2021~2026
- 부동산공시법령(한손노트), 해커스패스, 2024~2025
- 부동산공시법령(핵심요약집), 해커스패스, 2024~2025
- 부동산공시법령(단원별 기출문제집), 해커스패스, 2025
- 부동산공시법령(출제예상문제집), 해커스패스, 2021~2025
- 공인중개사 2차(기초입문서), 해커스패스, 2021~2026
- 공인중개사 2차(핵심요약집), 해커스패스, 2021~2023
- 공인중개사 2차(단원별 기출문제집), 해커스패스, 2021~2024
- 공인중개사 2차(회차별 기출문제집), 해커스패스, 2022~2025
- 공인중개사 2차(실전모의고사), 해커스패스, 2021~2025

서문

2026년 우리의 목표는 제37회 공인중개사 시험에 합격하는 것입니다. 기본서 과정에서 부동산공시법의 기본적인 내용은 모두 확인하였습니다. 앞으로는 시험까지 핵심요약집을 반복하여 보는 것이 중요합니다. 시험을 잘 보기 위하여 암기가 필요하나, 무턱대고 암기해서는 시간만 오래 걸리고 시험에서 활용할 수 없습니다. 암기를 목표로 하는 것이 아닌, 반복하며 자연스럽게 외워지는 것이 제일 좋은 방법입니다.

기본서는 이론에 대한 설명을 위주로 집필하였기 때문에 분량이 많았습니다. 이제는 기본적인 내용은 학습하였으므로, 핵심 내용을 반복하여 공부하는 것이 유용합니다. 핵심요약집에 수록된 지문들은 공인중개사 시험에 출제된 지문을 그대로 옮겨놓은 것이 많습니다. 최근 공인중개사 시험의 추세가 새로운 지문을 출제하기보다는 기존에 출제되었던 지문을 수정하여 다시 출제하는 경향이 있기에 핵심요약집이 도움이 될 것입니다.

이제부터는 정확하게 이해하는 것이 중요합니다. 문제를 풀어보면 보기에서 세 개는 지울 수 있는데 꼭 두 개가 남습니다. 막연히 알고 있는 사항이 시험에 출제되면 정답을 고르는 데 더 어려울 수 있습니다. 본 핵심요약집을 통하여 시험에 출제되는 포인트 위주로 정리하시면 충분히 해결할 수 있을 것입니다.

공인중개사 시험은 어려운 문제를 풀어야 합격하는 시험이 아닙니다. 자신이 알고 있는 내용에서 실수를 줄여야 하는 시험입니다. 짧은 시간 안에 많은 문제를 풀어야 하기 때문에 실수를 안 할 수는 없겠지만, 최대한 줄여야 합니다. 실수를 줄이는 것이 시험에 합격하는 가장 빠른 길입니다.

더불어 공인중개사 시험 전문 **해커스 공인중개사(land.Hackers.com)**에서 학원강의나 인터넷 동영상강의를 함께 이용하여 꾸준히 수강한다면 학습효과를 극대화할 수 있을 것입니다.

우리를 빼고 공인중개사 시험에 합격할 사람은 없습니다. 자기 자신을 믿으시고 꾸준히 공부하시면 충분히 합격할 수 있습니다. 공부는 체력싸움입니다. 체력관리도 꾸준히 하시면서 열공하세요.

2025년 11월
홍승한

이 책의 구성

눈에 쏙! 빈출 파악

공인중개사법령 및 실무 빈출개념 TOP 30

용어의 정의	p.14
중개대상물	p.17
공인중개사 정책심의위원회	p.21
등록기준(요건)	p.26
등록의 결격사유 등	p.31
중개사무소	p.33
게시·명칭·광고 등	p.35
겸업	p.39
고용인	p.40
휴업 및 폐업	p.43
전속중개계약	p.45
부동산거래정보망	p.46

제1편 공인중개사법령

① 빈출개념 TOP 20

중점을 두고 학습하여야 하는 과목별 빈출개념을 미리 파악하고, 우선순위를 두어 학습하면 최소의 시간으로 최대의 효과를 낼 수 있습니다.

개념 쏙! 이론학습

TIP
- 복합개념의 부동산(복합개념)은 부동산의 명칭이 아니다.
- '복합개념의 부동산'과 '복합부동산'은 동의어가 아니므로 유의하여야 한다.
- 법률적 개념에 대한 문제가 상대적으로 출제빈도가 높은 편이다.

01 복합개념의 ㅂ

복합개념의 부동산이 개념으로 이해하는 ㄱ
① 부동산의 기술적(준다.
② 부동산의 경제적 준다.

③ Tip

압축된 이론의 이해를 돕고 학습의 길잡이가 되어 필요한 정보와 수험 방향을 친절히 제시함으로써 1:1로 학습하는 효과를 느낄 수 있습니다.

---

01 토지의 자연적 특성 〈빈출〉

부동성· 비이동성· 위치의 고정성	토지는 물리적·절대적 위치가 고 ① 부동산과 동산을 구별하는 근거 ② 부동산활동(⇨ 임장활동·정보활 르게 나타난다. ③ 지역(국지적)시장·부분시장이 ④ 입지분석(입지론)의 근거를 제 킨다.

② 빈출

빈출개념 TOP 20에서 제시된 본문페이지를 바로 확인하여 빈출내용을 쉽게 찾아 연계학습 할 수 있습니다.

★ **암기 PLUS** | 한국표준산업분류상 부동산업(세분류)
- 부동산임대업
- 부동산개발 및 공급업
- 부동산관리업
- 부동산중개, 자문 및 감정평가업

★ **개념 PLUS** | 기준시점(「감정평가에 관한 규칙」)
- '기준시점'이란 대상물건의 감정평가액을 결정하는 기준이 되는 날짜를 말한다.
- 기준시점은 대상물건의 가격조사를 완료한 날짜로 한다. 다만, 기준시점을 미리 정하였을 때에는 그 날짜에 가격조사가 가능한 경우에만 기준시점으로 할 수 있다(제9조).
- 부동산의 가치형성요인이 변동하므로 기준시점의 확정이 중요하다. ⇨ 변동의 원칙

1/20	감정평가 의뢰일
	⇩
2/2	가격조사 개시일(시작일)
	⇩
3/2	가격조사를 완료한 날짜(기준시점)

④ 암기/개념 PLUS

핵심이론 중에서도 확실하게 암기하면 좋을 내용은 암기 PLUS로 선별하였고, 이론학습에 도움이 되는 부가적인 내용은 개념 PLUS로 구성하여 설명하였습니다.

실력 쏙! 확인학습

수정됨내뇨에 임내면식을 곱하여 구한 소득이다.
제28회

02 ( )은 가능총소득에 공실 및 불량부채에 대한 손실과 기타수입을 반영한 것이다. 제28회

기출정답

01 가능총소득
02 유효총소득

　순영업
+ 대체충
− 이자지
− 감가상
　과세소
× 세율
　영업소

✚ 부동산투자

⑤ 기출

기출지문 괄호넣기를 통하여 본문 내용을 이해하였는지 바로 점검할 수 있어 학습한 내용을 효과적으로 확인할 수 있습니다.

공인중개사 시험안내

공인중개사 시험은 어떻게 접수하나요?

- 국가자격시험 공인중개사 홈페이지(www.Q-Net.or.kr/site/junggae) 및 모바일큐넷(APP)에 접속하여 소정의 절차를 거쳐 원서를 접수합니다.
    * 5일간 정기 원서접수 시행, 2일간 빈자리 추가접수 도입(정기 원서접수 기간 종료 후 환불자 범위 내에서만 선착순으로 빈자리 추가접수를 실시하므로 조기 마감될 수 있음)
- 원서접수 시 최근 6개월 이내 촬영한 여권용 사진(3.5cm×4.5cm) JPG파일이 필요하므로 미리 준비해 두세요.
- 제36회 시험 기준 응시수수료는 1차 13,700원, 2차 14,300원, 1·2차 동시 응시의 경우 28,000원입니다.

공인중개사 시험과목과 시험시간이 어떻게 되나요?

공인중개사 시험은 1년에 1회 시행하며, 1차 시험과 2차 시험을 같은 날에 구분하여 시행합니다.

차수	시험과목		시험범위	시험시간
1차 2과목 과목당 40문제		부동산학개론	• 부동산학개론: 부동산학 총론, 부동산학 각론 • 부동산감정평가론	09:30~11:10 (100분)
		민법 및 민사특별법 중 부동산 중개에 관련되는 규정	• 민법: 총칙 중 법률행위, 질권을 제외한 물권법, 계약법 중 총칙·매매·교환·임대차 • 민사특별법: 주택임대차보호법, 상가건물 임대차보호법, 집합건물의 소유 및 관리에 관한 법률, 가등기담보 등에 관한 법률, 부동산 실권리자명의 등기에 관한 법률	
2차 3과목 과목당 40문제	1교시	공인중개사의 업무 및 부동산 거래신고에 관한 법령 및 중개실무	• 공인중개사법 • 부동산 거래신고 등에 관한 법률 • 중개실무(부동산거래 전자계약 포함)	13:00~14:40 (100분)
		부동산공법 중 부동산 중개에 관련되는 규정	• 국토의 계획 및 이용에 관한 법률 • 도시개발법 • 도시 및 주거환경정비법 • 주택법 • 건축법 • 농지법	
	2교시	부동산공시에 관한 법령 및 부동산 관련 세법	• 부동산등기법 • 공간정보의 구축 및 관리 등에 관한 법률(제2장 제4절 및 제3장) • 부동산 관련 세법(상속세, 증여세, 법인세, 부가가치세 제외)	15:30~16:20 (50분)

* 부동산공시에 관한 법령 및 부동산 관련 세법 과목은 내용의 구성 편의상 '부동산공시법령'과 '부동산세법'으로 분리하였습니다.
* 답안은 시험시행일 현재 시행되고 있는 법령 등을 기준으로 작성합니다.
* 시험시작 30분 전 입실합니다.

공인중개사 시험 당일 챙겨야 할 준비물이 있나요?

인정 신분증

필기구
(검정색 사인펜,
수정테이프 포함)

시계

수험표

최종 정답과 합격자 발표는 어떻게 확인하나요?

최종 정답 발표	인터넷(www.Q-Net.or.kr/site/junggae)을 통하여 확인 가능합니다.
합격자 발표	최종 합격자 발표는 시험을 치른 약 한달 후에 인터넷(www.Q-Net.or.kr/site/junggae)을 통하여 확인 가능합니다.
합격자 결정 방법	• 1·2차 시험 공통으로 매 과목 100점 만점으로 하여 매 과목 40점 이상, 전 과목 평균 60점 이상 득점자를 합격자로 합니다. • 1차 시험에 불합격한 사람의 2차 시험은 무효로 합니다. • 1차 시험 합격자는 다음 회의 시험에 한하여 1차 시험을 면제합니다.

목차

이 책의 구성	4	학습플랜	9
공인중개사 시험안내	6	출제경향분석	10
목차	8		

제1편 공간정보의 구축 및 관리 등에 관한 법률

제1장	총칙	14
제2장	토지의 등록	20
제3장	지적공부	31
제4장	토지의 이동 및 지적정리	43
제5장	지적측량	61

제2편 부동산등기법

제1장	총칙	72
제2장	등기기관과 설비	86
제3장	등기절차 총론	99
제4장	표시에 관한 등기	138
제5장	권리에 관한 등기	146

학습플랜

7일완성 플랜 – 하루에 한 과목씩 끝낸다!

- 시험 직전 반복적으로 회독하고 싶은 수험생에게 추천합니다.
- 1차를 3일, 2차를 4일 만에 1회독하는 방법으로 요약집의 모든 내용을 꼼꼼하게 회독하는 것이 아닌 자주 틀리는 파트, 정확하게 이해하지 못하고 있는 파트를 중심으로 학습해 주세요.

	월	화	수	목	금	토	일
[7일]	부동산학개론	민법 및 민사특별법	1차 약점파트	공인중개사 법령 및 실무	부동산공법	부동산 공시법령 / 부동산세법	2차 약점파트

부동산공시법령 집중완성 플랜 – 7일동안 한 과목씩 끝낸다!

- 부동산공시법령을 7일동안 집중적으로 공부하고 싶은 수험생에게 추천합니다.
- 마지막 날에는 약점파트를 중점적으로 학습해 주세요.

	학습 범위	1회독	2회독	3회독
월	제1편 제1~3장			
화	제1편 제4~5장			
수	제2편 제1~2장			
목	제2편 제3장 01~03			
금	제2편 제3장 04~제5장 02			
토	제2편 제5장 03~08			
일	약점파트 복습			

출제경향분석

최근 7개년 동안 부동산공시법령은 어떻게 출제되었나요?

7개년 편별 출제비중

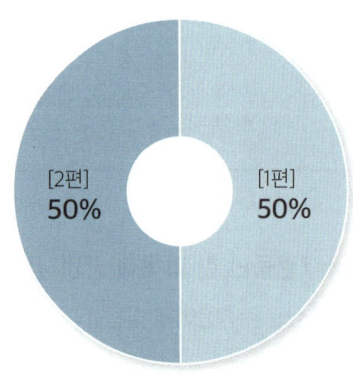

장별 출제문제 수
*평균: 최근 7개년 동안 출제된 각 장별 평균문제 수입니다.

구분		평균*	제36회	제35회	제34회	제33회	제32회	제31회	제30회
공간정보의 구축 및 관리 등에 관한 법률	총칙	0.4	1			1	1		
	토지의 등록	2.9	3	5	3	1	2	2	4
	지적공부	2.7	2	3	1	4	5	3	1
	토지의 이동 및 지적정리	3.7	3	4	4	4	1	5	5
	지적측량	2.3	3		4	2	3	2	2
	소계	12	12	12	12	12	12	12	12
부동산등기법	총칙	0.9	1		2	1	1		1
	등기기관과 설비	0.1				1			
	등기절차 총론	4	4	4	5	3	4	4	4
	표시에 관한 등기	0.1	1						
	권리에 관한 등기	6.9	6	8	5	7	7	8	7
	소계	12	12	12	12	12	12	12	12
총계		24	24	24	24	24	24	24	24

제36회 시험은 어떻게 출제되었나요?

❶ 제35회 시험과 유사한 난이도로 출제되었습니다. 제35회 시험과 비교하여 박스(BOX)형 문제가 1개 적게 출제되었고, 난이도 상(上) 6개, 난이도 중(中) 10개, 난이도 하(下) 8개 출제되었습니다. 「공간정보의 구축 및 관리 등에 관한 법률」은 연속지적도에 관한 사항과 지적확정측량의 경계와 사업계획도와 다른 경우의 경계 결정에 관한 사항이 처음으로 출제되었습니다. 나머지 문제는 기존 기출지문을 변형하여 다수 출제되었으므로 실제 난이도는 높지 않았을 것이라 생각됩니다.

❷ 「부동산등기법」에서는 이의신청에서 등기의 기록명령에 따른 등기에 관한 문제와 신청정보 및 첨부정보가 아주 어렵게 출제되었습니다. 공동신청, 합필등기, 부기등기, 지역권등기, 가등기에 기한 본등기한 경우에 중간처분등기의 처리 등이 단답형 문제로 출제되었습니다. 그 외의 문제는 기존 기출문제의 변형문제였으므로 실수를 줄이면 충분히 풀 수 있었을 것으로 생각됩니다.

제37회 시험을 어떻게 대비해야 할까요?

편별 수험대책

1편	부동산공시법령은 새로운 문제보다는 기존의 기출문제를 변형하여 출제하고 있습니다. 그러므로 기존의 출제유형을 이해하고, 출제포인트를 중심으로 내용을 정리하는 것이 중요합니다. 「공간정보의 구축 및 관리 등에 관한 법률」에서 제1장 총칙은 용어의 정의가 중요합니다. 제2장 토지의 등록에서는 토지등록의 기본 원칙과 토지의 등록사항인 지번, 지목, 경계, 면적에 대한 정확한 이해가 필요합니다. 제3장 지적공부에서는 지적공부(토지대장, 지적도, 경계점좌표등록부)의 양식에 대한 암기가 필요합니다. 그 외에 지적공부의 공개, 지적공부의 복구에 관한 사항이 출제될 수 있습니다. 제4장 토지의 이동 및 지적정리에서는 토지이동의 사유, 축척변경, 토지이동의 신청권자, 지적공부의 정리 등이 출제될 수 있습니다. 제5장 지적측량에서는 지적측량의 대상과 절차, 지적측량적부심사 등이 중요한 부분입니다.
2편	「부동산등기법」은 등기절차 총론과 권리의 등기를 유기적으로 이해하는 것이 필요합니다. 제1장 총칙은 부기등기, 등기할 물건 등을 정확하게 이해하여야 합니다. 제2장 등기기관과 설비는 등기기록의 구성에 대한 암기가 필요합니다. 제3장 등기절차 총론에서는 등기신청 형태에서 등기신청적격, 등기권리자와 등기의무자의 구별, 제3자에 의한 등기 등이 출제될 수 있습니다. 신청정보 및 첨부정보는 등기신청정보, 거래신고필증, 등기필정보 등이 중요한 정보입니다. 신청 후 절차는 각하사유 법 제29조 제2호 위반과 등기관의 처분에 대한 이의신청이 중요합니다. 제5장 권리에 관한 등기는 권리등기 통칙에서 권리의 변경등기와 말소등기에 관한 이해가 필요합니다. 소유권등기는 소유권보존등기의 신청적격자, 공동소유, 수용, 신탁등기 등이 단독문제나 종합문제로 출제될 수 있습니다. 용익권과 저당권등기는 기본적인 사항을 이해하면 됩니다. 구분건물등기는 대지권등기의 효력에 관련되는 내용을 이해하시고, 가등기는 가등기의 전반에 걸치는 사항이 종합문제로 출제될 수 있습니다.

부동산공시법령 빈출개념 TOP 20

제1편 **공간정보의 구축 및 관리 등에 관한 법률**	지번	p.22
	지목	p.24
	경계	p.28
	면적	p.30
	지적공부의 등록사항	p.31
	토지의 이동의 종류	p.43
	축척변경	p.50
	지적공부의 정리	p.56
	지적측량의 절차	p.62
	지적측량 적부심사	p.69
제2편 **부동산등기법**	부기등기	p.75
	등기의 대상(등기할 사항)	p.77
	등기신청의 당사자	p.104
	신청정보 및 첨부정보	p.111
	각하사유	p.131
	소유권보존등기	p.151
	소유권이전등기	p.154
	용익권에 관한 등기	p.165
	담보권에 관한 등기	p.169
	가등기	p.178

부동산공시법령에서 자주 출제되는 개념들을 정리하였습니다. 본문에서 빈출 표시가 되어 있는 부분을 중점적으로 학습하세요.

해커스 공인중개사
핵심요약집
land.Hackers.com

제1편

공간정보의 구축 및 관리 등에 관한 법률

제1장 총칙
제2장 토지의 등록
제3장 지적공부
제4장 토지의 이동 및 지적정리
제5장 지적측량

제1장 총칙

 기본서 p.18~29

01 지적제도의 개관

1. 지적의 의의

지적이란 전 국토를 대상으로 하나하나의 토지에 대한 물리적 현황(소재·지번·지목·면적·경계·좌표)과 법적 권리관계(소유자) 등 기타 토지에 관한 주요한 내용을 공적장부에 등록·공시하고 그 변동사항을 영속적으로 등록·관리하는 국가의 사무이다.[1]

[1] 법률의 개정
「지적법」 ⇨ 「측량·수로조사 및 지적법」 ⇨ 「공간정보의 구축 및 관리 등에 관한 법률」

2. 협의의 지적의 3요소

(1) 등록객체 - 토지

지적의 대상이 되는 토지란 넓게 보면 「대한민국헌법」상 국가의 통치권이 미치는 바다 위에 있는 모든 영토를 포함하며, 좁게 보면 1필지가 지적의 대상이 된다.

(2) 등록공부 - 지적공부

지적공부란 토지대장, 임야대장, 공유지연명부, 대지권등록부, 지적도, 임야도 및 경계점좌표등록부 등 지적측량 등을 통하여 조사된 토지의 표시와 해당 토지의 소유자 등을 기록한 대장 및 도면(정보처리시스템을 통하여 기록·저장된 것을 포함한다)을 말한다.

⚡ 기출

01 ( )은 모든 토지에 대하여 필지별로 소재·지번·지목·면적·경계 또는 좌표 등을 조사·측량하여 지적공부에 등록하여야 한다. 지적공부에 등록하는 지번·지목·면적·경계 또는 좌표는 토지의 이동이 있을 때 토지소유자의 신청을 받아 ( )이 결정한다.
제23·28회

(3) 등록

<u>국토교통부장관</u>은 모든 토지에 대하여 필지별로 소재·지번·지목·면적·경계 또는 좌표 등을 조사·측량하여 지적공부에 등록하여야 한다.

(4) 기타

① **등록주체**: 지적공부에 등록하는 토지의 표시는 토지의 이동이 있을 때 토지소유자(법인 아닌 사단이나 재단의 경우에는 그 대표자나 관리인)의 신청을 받아 <u>지적소관청</u>이 결정한다.

기출정답
01 국토교통부장관, 지적소관청

② **등록방법**: 지적사무는 국토의 효율적 관리와 소유권 보호 등을 목적으로 하므로 지적측량과 토지이동조사를 하여 실질적으로 심사하여 지적공부에 등록한다.
③ **등록사항**
  ⊙ **토지의 표시에 관한 사항**: 소재, 지번, 지목, 면적, 경계, 좌표
  ⓒ **소유자에 관한 사항**: 성명, 주소, 주민등록번호(부동산등기용등록번호)

3. 법의 입법목적

(1) 「공간정보의 구축 및 관리 등에 관한 법률」[1]

> **법 제1조 【목적】** 이 법은 측량의 기준 및 절차와 지적공부(地籍公簿)·부동산종합공부(不動産綜合公簿)의 작성 및 관리 등에 관한 사항을 규정함으로써 국토의 효율적 관리 및 국민의 소유권 보호에 기여함을 목적으로 한다.

[1] 「공간정보의 구축 및 관리 등에 관한 법률」이하 제1편에서 '법'이라 한다.

(2) 입법목적

① 측량의 기준 및 절차
② 지적공부(地籍公簿)·부동산종합공부의 작성 및 관리
③ 국토의 효율적 관리
④ 국민의 소유권 보호

4. 지적의 분류

역사적 발전과정	경계표시방법	등록차원	등록의무
• 세지적: 면적중심 • 법지적: 경계중심 • 다목적 지적	• 도해지적 • 좌표지적	• 2차원 지적 • 3차원 지적	• 적극적 지적 • 소극적 지적

> **개념 PLUS | 우리나라의 제도**
> 법지적, 도해·좌표지적, 2차원 지적, 적극적 지적제도를 채택하고 있다.

5. 법의 기본이념

(1) 지적국정주의
지적에 관한 사항(소재·지번·지목·면적·경계·좌표)은 국가만이 결정한다.

(2) 지적형식주의(지적등록주의)
지적에 관한 사항은 지적공부에 등록이라는 형식을 갖추어야만 효력을 갖는다.

(3) 지적공개주의
① 지적에 관한 내용은 누구나 정당하게 이용할 수 있도록 하여야 한다.
② **표현형태**: 지적공부의 열람·등본교부, 지적측량성과의 열람, 경계복원측량

(4) 실질적 심사주의
지적의 주요 내용에 변동이 있을 때에 실제로 현장에 임장하여 조사·측량 등을 통하여 실질적으로 변동사항을 조사하여 지적공부에 등록하는 것(지적측량, 토지이동조사)을 의미한다.

(5) 직권등록주의(적극적 등록주의)
지적소관청은 기간 내 토지소유자의 신청이 없는 때에는 직권으로 조사·측량하여 등록하여야 한다.

6. 지적제도와 등기제도의 특성비교

구분	지적제도	등기제도
기능	토지에 대한 표시의 공시	부동산에 대한 권리관계의 공시
담당기관	국토교통부	사법부
공부의 편제	동·리별 지번순(물적편성주의)	동·리별 지번순(물적편성주의)
등록필지	약 3,900만 필지	약 3,850만 필지
신청방법	직권등록주의, 단독신청	공동신청주의, 신청주의
추정력	부정	인정
대상(객체)	토지(전국의 모든 토지)	건물+토지(모든 토지 ×)

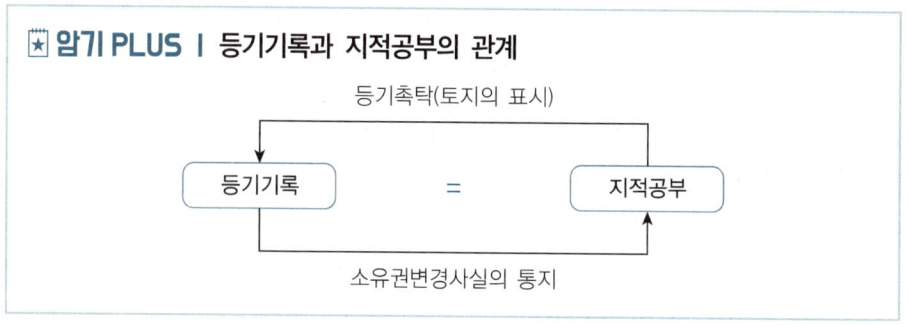

02 용어의 정의(법 제2조)

(1) '지적측량'이란 토지를 지적공부에 등록하거나 지적공부에 등록된 경계점을 지상에 복원하기 위하여 필지의 경계 또는 좌표와 면적을 정하는 측량을 말하며, 지적확정측량 및 지적재조사측량을 포함한다.

① '지적확정측량'이란 도시개발사업 등에 따른 사업이 끝나 토지의 표시를 새로 정하기 위하여 실시하는 지적측량을 말한다.

② '지적재조사측량'이란 「지적재조사에 관한 특별법」에 따른 지적재조사사업에 따라 토지의 표시를 새로 정하기 위하여 실시하는 지적측량을 말한다.

> **개념 PLUS | 지적재조사사업 -「지적재조사에 관한 특별법」**
> 1. 국토교통부장관은 토지의 효율적 관리 등을 위하여 지적재조사사업을 할 수 있다.
> 2. **의의 및 목적**: 지적재조사사업은 현행 지적공부가 일제시대에 작성되었으므로 지적공부의 등록사항을 실지상태와 부합하게 하여 지적불부합지 문제를 해소하고, 토지의 경계복원력을 향상시키며 능률적인 지적관리체제로 개선하기 위한 작업이다.

(2) '지적소관청'이란 지적공부를 관리하는 특별자치시장, 시장(「제주특별자치도 설치 및 국제자유도시 조성을 위한 특별법」 제10조 제2항에 따른 행정시의 시장을 포함하며, 「지방자치법」 제3조 제3항에 따라 자치구가 아닌 구를 두는 시의 시장은 제외한다)·군수 또는 구청장(자치구가 아닌 구의 구청장을 포함한다)을 말한다.[1]

TIP
「공간정보의 구축 및 관리 등에 관한 법률」은 용어가 가장 기본이 되는 사항이므로 정확한 이해가 필요하다.

[1] 지적은 국가사무이기 때문에 국가기관의 장으로서, 시장·군수·구청장을 말한다.

(3) '지적공부'란 토지대장, 임야대장, 공유지연명부, 대지권등록부, 지적도, 임야도 및 경계점좌표등록부 등 지적측량 등을 통하여 조사된 토지의 표시와 해당 토지의 소유자 등을 기록한 대장 및 도면(정보처리시스템을 통하여 기록·저장된 것을 포함한다)을 말한다.

① '연속지적도'란 **지적측량을 하지 아니하고** 전산화된 지적도 및 임야도 파일을 이용하여, 도면상 경계점들을 연결하여 작성한 도면으로서 **측량에 활용할 수 없는 도면**을 말한다.

② '부동산종합공부'란 토지의 표시와 소유자에 관한 사항, 건축물의 표시와 소유자에 관한 사항, 토지의 이용 및 규제에 관한 사항, 부동산의 가격에 관한 사항 등 부동산에 관한 종합정보를 정보관리체계를 통하여 기록·저장한 것을 말한다.

(4) '토지의 표시'란 지적공부에 토지의 소재·지번·지목·면적·경계 또는 좌표를 등록한 것을 말한다.

① '필지'란 대통령령으로 정하는 바에 따라 구획되는 토지의 등록단위를 말한다.

② '지번'이란 필지에 부여하여 지적공부에 등록한 번호를 말한다.

③ '지번부여지역'이란 지번을 부여하는 단위지역으로서 동·리 또는 이에 준하는 지역을 말한다.[1]

④ '지목'이란 토지의 **주된 용도**에 따라 토지의 종류를 구분하여 지적공부에 등록한 것을 말한다.

⑤ '경계점'이란 필지를 구획하는 선의 **굴곡점**으로서 지적도나 임야도에 도해(圖解) 형태로 등록하거나 경계점좌표등록부에 좌표 형태로 등록하는 점을 말한다.

⑥ '경계'란 필지별로 경계점들을 **직선**으로 연결하여 지적공부에 등록한 선을 말한다.[2]

⑦ '면적'이란 지적공부에 등록한 필지의 수평면상 넓이를 말한다.

---

[1] 행정의 편의상 구획된 행정 동·리가 아니고 법정 동·리를 말한다.

[2]
- **경계**: 직선
- **경계점**: 굴곡점

(5) '토지의 이동(異動)'이란 **토지의 표시**를 새로 정하거나 변경 또는 말소하는 것을 말한다.

① '신규등록'이란 새로 조성된 토지와 지적공부에 등록되어 있지 아니한 토지를 지적공부에 등록하는 것을 말한다.

② '등록전환'이란 **임야대장 및 임야도**에 등록된 토지를 **토지대장 및 지적도**에 옮겨 등록하는 것을 말한다.

③ '분할'이란 지적공부에 등록된 1필지를 2필지 이상으로 나누어 등록하는 것을 말한다.

④ '합병'이란 지적공부에 등록된 2필지 이상을 1필지로 합하여 등록하는 것을 말한다.

⑤ '지목변경'이란 지적공부에 등록된 지목을 다른 지목으로 바꾸어 등록하는 것을 말한다.

⑥ '축척변경'이란 **지적도**에 등록된 경계점의 정밀도를 높이기 위하여 작은 축척을 큰 축척으로 변경하여 등록하는 것을 말한다.[1]

[1] 축척변경은 지적도만 대상이고, 임야도는 해당하지 아니한다.

(6) 연속지적도의 관리 등

법 제90조의2【연속지적도의 관리 등】 ① 국토교통부장관은 연속지적도의 관리 및 정비에 관한 정책을 수립·시행하여야 한다.
② 지적소관청은 지적도·임야도에 등록된 사항에 대하여 토지의 이동 또는 오류사항을 정비한 때에는 이를 연속지적도에 반영하여야 한다.
③ 국토교통부장관은 제2항에 따른 지적소관청의 연속지적도 정비에 필요한 경비의 전부 또는 일부를 지원할 수 있다.
④ 국토교통부장관은 연속지적도를 체계적으로 관리하기 위하여 대통령령으로 정하는 바에 따라 연속지적도 정보관리체계를 구축·운영할 수 있다.
⑤ 국토교통부장관 또는 지적소관청은 제2항에 따른 연속지적도의 관리·정비 및 제4항에 따른 연속지적도 정보관리체계의 구축·운영에 관한 업무를 대통령령으로 정하는 법인, 단체 또는 기관에 위탁할 수 있다. 이 경우 위탁관리에 필요한 경비의 전부 또는 일부를 지원할 수 있다.

⚡기출

01 (　　)은 연속지적도의 관리 및 정비에 관한 정책을 수립·시행하여야 한다. 제36회

02 (　　)은 지적도·임야도에 등록된 사항에 대하여 토지의 이동 또는 오류사항을 정비한 때에는 이를 연속지적도에 반영하여야 한다. 제36회

기출정답
01 국토교통부장관
02 지적소관청

제2장 토지의 등록

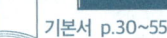
기본서 p.30~55

01 토지의 조사 및 등록

1. 토지의 등록

(1) 국토교통부장관은 모든 토지에 대하여 필지별로 소재·지번·지목·면적·경계 또는 좌표 등을 조사·측량하여 지적공부에 등록하여야 한다.

(2) 지적공부에 등록하는 지번·지목·면적·경계 또는 좌표는 토지의 이동이 있을 때 토지소유자(법인이 아닌 사단이나 재단의 경우에는 그 대표자나 관리인을 말한다. 이하 같다)의 신청을 받아 지적소관청이 결정한다. 다만, 신청이 없으면 지적소관청이 직권으로 조사·측량하여 결정할 수 있다.

2. 지적소관청의 직권 조사·측량의 절차

> 토지이동현황 조사계획 ⇨ 토지이동현황 조사 ⇨ 토지이동 조사부 작성 ⇨ 토지이동 조서 작성 ⇨ 토지이동정리결의서 첨부 ⇨ 지적공부 정리

(1) 지적소관청은 토지의 이동현황을 직권으로 조사·측량하여 토지의 지번·지목·면적·경계 또는 좌표를 결정하려는 때에는 **토지이동현황 조사계획**을 수립하여야 한다. 이 경우 토지이동현황 조사계획은 **시·군·구별로 수립**하되, 부득이한 사유가 있는 때에는 읍·면·동별로 수립할 수 있다.

(2) 지적소관청은 토지이동현황 조사계획에 따라 토지의 이동현황을 조사한 때에는 토지이동 조사부에 토지의 이동현황을 적어야 한다.

(3) 지적소관청은 토지이동현황 조사 결과에 따라 토지의 지번·지목·면적·경계 또는 좌표를 결정한 때에는 이에 따라 지적공부를 정리하여야 한다.

(4) 지적소관청은 지적공부를 정리하려는 때에는 토지이동 조사부를 근거로 별지 **토지이동 조서**를 작성하여 **토지이동정리 결의서**에 첨부하여야 하며, 토지이동 조서의 아래 부분 여백에 '「공간정보의 구축 및 관리 등에 관한 법률」제64조 제2항 단서에 따른 직권정리'라고 적어야 한다.

⚡기출

01 지적소관청은 토지의 이동현황을 직권으로 조사·측량하여 토지의 지번·지목·면적·경계 또는 좌표를 결정하려는 때에는 ( )을 수립하여야 한다. 제28·32·33회

기출정답
01 토지이동현황 조사계획

02 필지

1. 필지의 의의

필지란 지번부여지역 안의 토지로서 소유자와 용도가 동일하고 지반이 연속된 토지로서 구획된 하나의 지번이 붙는 토지의 등록단위를 말한다.

2. 필지의 성립요건

① 소유자가 동일할 것
② 지목이 동일할 것
③ 지번부여지역(법정동)이 동일할 것
④ 토지가 연접할 것
⑤ 등기 여부가 동일할 것
⑥ 축척이 동일할 것

> **TIP**
> '소목동연등축'으로 암기한다.

3. 양입지

(1) 의의

양입지란 1필지의 성립요건에 해당하더라도 본래의 자기 지목을 쓰지 못하고 연접한 주된 지목으로 편입되어 버리는 종된 토지를 말한다.

(2) 인정 이유

주지목 추종의 원칙을 표현한 것으로 공시의 어려움을 방지함에 그 목적이 있다.

(3) 양입지의 요건

① 주된 용도의 토지의 편의를 위하여 설치된 도로, 구거 등의 부지
② 주된 용도의 토지에 접속되거나 주된 용도의 토지로 둘러싸인 토지로서 다른 용도로 사용되고 있는 토지

(4) 양입지의 제한

① 종된 용도의 토지의 지목이 대(垈)인 경우
② 종된 용도의 토지면적이 주된 용도의 토지면적의 **10%를 초과**하는 경우
③ 종된 용도의 토지면적이 **330m²를 초과**하는 경우

03 필지의 구성요소

1. 지번 [빈출]

(1) 의의

필지에 부여하여 지적공부에 등록한 번호를 말한다(특정성과 연속성).

(2) 지번의 표기와 구성

① 지번은 아라비아숫자로 표기한다. 임야대장 및 임야도에 등록하는 토지의 지번은 숫자 앞에 '산'자를 붙인다.
② 지번은 본번과 부번으로 구성하되, 본번과 부번 사이에 ' - ' 표시로 연결한다. 이 경우 ' - ' 표시는 '의'라고 읽는다.
③ 지번은 지적소관청이 지번부여지역별로 부여한다.

(3) 지번의 부여방법

부여단위	기번위치	진행방향	분할시의 지번
• 지역단위법	• 북서기번법	• 사행식	• 평행식
• 도엽단위법	• 북동기번법	• 기우식(교호식)	• 자유(부번)식
• 단지단위법		• 단지식(블럭식)	

(4) 법률규정에 따른 지번부여방법

① 신규등록 및 등록전환
  ㉠ 원칙: 인접토지의 **본번에 부번**을 붙여서 지번을 부여한다.
  ㉡ 예외: **최종 본번의 다음 순번부터 본번**으로 해서 순차적으로 지번을 부여할 수 있다.
    ⓐ 대상토지가 그 지번부여지역 안의 최종 지번의 토지에 **인접**되어 있는 경우
    ⓑ 대상토지가 이미 등록된 토지와 **멀리** 떨어져 있는 경우
    ⓒ 대상토지가 **여러 필지**로 되어 있는 경우

기출

01 지번은 아라비아숫자로 표기하되, 임야대장 및 임야도에 등록하는 토지의 지번은 숫자 앞에 '( )'자를 붙인다. 제26·29회

02 지번은 본번과 부번으로 구성하되, 본번과 부번 사이에 ' - '표시로 연결한다. 이 경우 ' - ' 표시는 '( )'라고 읽는다. 제29회

03 등록전환의 대상 토지가 여러 필지로 되어 있는 경우에는 그 지번부여지역의 ( )으로 하여 순차적으로 지번을 부여할 수 있다. 제35회

기출정답

01 산 **02** 의 **03** 최종 본번의 다음 순번부터 본번

② 분할
  ㉠ 원칙: 본번의 최종 부번의 다음 순번으로 부번을 부여한다.
  ㉡ 예외: 주거·사무실 등의 건축물이 있는 필지에 대해서는 분할 전의 지번을 우선해서 부여해야 한다.
③ 합병
  ㉠ 원칙: 합병대상 지번 중 선순위의 지번을 그 지번으로 하되, 본번으로 된 지번이 있는 때에는 본번 중 선순위의 지번을 합병 후의 지번으로 한다.
  ㉡ 예외: 토지소유자가 합병 전의 필지에 주거·사무실 등의 건축물이 있어서 그 건축물이 위치한 지번을 합병 후의 지번으로 신청하는 때에는 그 지번을 합병 후의 지번으로 부여해야 한다.
④ 도시개발사업 등이 완료됨에 따라 지적확정측량
  ㉠ 원칙: 지번을 새로이 부여하는 경우에는 다음의 지번을 제외한 본번으로 부여한다.
    ⓐ 지적확정측량을 실시한 지역 안의 종전의 지번과 지적확정측량을 실시한 지역 밖에 있는 본번이 같은 지번이 있을 때에는 그 지번
    ⓑ 지적확정측량을 실시한 지역의 경계에 걸쳐 있는 지번
  ㉡ 예외: 부여할 수 있는 종전 지번의 수가 새로이 부여할 지번의 수보다 적은 때에는 다음과 같이 부여할 수 있다.
    ⓐ 블록단위로 하나의 본번을 부여한 후 필지별로 부번을 부여
    ⓑ 지번부여지역의 최종 본번의 다음 순번부터 본번으로 해서 순차적으로 지번을 부여
⑤ 지적확정측량을 준용해서 지번을 부여(도시개발사업시행)
  ㉠ 지번부여지역 안의 지번변경을 하는 때
  ㉡ 행정구역 개편에 따라 새로이 지번을 부여하는 때
  ㉢ 축척변경 시행지역 안의 필지에 지번을 부여하는 때
⑥ 도시개발사업 등이 준공되기 전에 사업시행자가 지번부여신청을 하는 때에는 사업계획도에 의하여 지번을 부여할 수 있다.

(5) 지번의 변경

① 의의: 지적소관청은 지적공부에 등록된 지번을 변경할 필요가 있으면 시·도지사나 대도시 시장의 승인을 받아 지번부여지역의 전부 또는 일부에 대하여 지번을 새로 부여할 수 있다.
② 지번부여방법: 지적확정측량의 규정을 준용하여 지번을 부여하여야 한다.

⚡기출

01 분할의 경우에는 분할 후의 필지 중 1필지의 지번은 분할 전의 지번으로 하고, 나머지 필지의 지번은 (   )으로 부번을 부여한다. 제26·29회

02 (   )에 따라 새로 지번을 부여할 때에는 도시개발사업 등이 완료됨에 따라 지적확정측량을 실시한 지역의 지번부여방법을 준용한다. 제28회

03 지적소관청은 도시개발사업 등이 준공되기 전에 지번을 부여하는 때에는 도시개발사업 등 신고에 있어서의 (   )에 따르되, 지적확정측량시행지역에 있어서의 지번부여방법에 따라 부여하여야 한다. 제27회

04 지적소관청은 지번을 변경할 필요가 있다고 인정하면 (   )의 승인을 받아 지번부여지역의 전부 또는 일부에 대하여 지번을 새로 부여할 수 있다. 제26·28회

TIP
지적확정측량을 준용하는 경우 '도지행축'으로 암기한다.

기출정답
01 본번의 최종 부번 다음 순번
02 행정구역 개편
03 사업계획도
04 시·도지사나 대도시 시장

TIP
지목은 토지의 표시에서 기본이 되는 사항으로 우선 원칙과 예외를 정확하게 구별하는 것이 중요하다. 또한 법률조문에서 예외에 대한 정확한 이해가 필요하다.

2. 지목 〈빈출〉

(1) 의의

지목이란 토지의 주된 용도에 따라 토지의 종류를 구분하여 지적공부에 등록한 것을 말한다.

(2) 지목의 설정원칙

① 단식지목주의(1필 1목의 원칙)
② 주지목 추종의 원칙
③ 사용목적 추종의 원칙
④ 영속성의 원칙(일시사용 불변의 원칙)

(3) 지목의 구분

① **전**: 물을 상시적으로 이용하지 않고 곡물·원예작물(과수류는 제외)·약초·뽕나무·닥나무·묘목·관상수 등의 식물을 주로 재배하는 토지와 식용을 위해 죽순을 재배하는 토지
② **답**: 물을 상시적으로 이용해서 벼·연·미나리·왕골 등의 식물을 주로 재배하는 토지 **[1]**
③ **과수원**: 사과·배·밤·호도·귤나무 등 과수류를 집단적으로 재배하는 토지와 이에 접속된 저장고 등 부속시설물의 부지. 다만, 주거용 건축물의 부지는 '대'로 한다.
④ **목장용지**
　㉠ 축산업 및 낙농업을 하기 위해 초지를 조성한 토지
　㉡ 「축산법」 제2조 제1호에 따른 가축을 사육하는 축사 등의 부지
　㉢ 위 ㉠ 및 ㉡의 토지와 접속된 부속시설물의 부지
　㉣ 다만, 주거용 건축물의 부지는 '대'로 한다.

[1] 전과 답의 구별기준
경작방식의 차이

> 「축산법」 제2조【정의】이 법에서 사용하는 용어의 뜻은 다음과 같다.
> 1. "가축"이란 사육하는 소·말·면양·염소[유산양(乳山羊: 젖을 생산하기 위해 사육하는 염소)을 포함한다. 이하 같다]·돼지·사슴·닭·오리·거위·칠면조·메추리·타조·꿩, 그 밖에 대통령령으로 정하는 동물(動物) 등을 말한다.

> 「축산법 시행령」 제2조【가축의 종류】「축산법」 제2조 제1호에서 "그 밖에 대통령령으로 정하는 동물(動物) 등"이란 다음 각 호의 동물을 말한다.
> 1. 기러기
> 2. 노새·당나귀·토끼 및 개
> 3. 꿀벌
> 4. 그 밖에 사육이 가능하며 농가의 소득증대에 기여할 수 있는 동물로서 농림축산식품부장관이 정하여 고시하는 동물

⑤ **임야**: 산림 및 원야(原野)를 이루고 있는 수림지·죽림지·암석지·자갈땅·모래땅·습지·황무지 등의 토지

⑥ **광천지**: 지하에서 온수·약수·석유류 등이 용출되는 용출구와 그 유지(維持)에 사용되는 부지. 다만, 온수·약수·석유류 등을 일정한 장소로 운송하는 송수관·송유관 및 저장시설의 부지를 제외한다. [1]

⑦ **염전**: 바닷물을 끌어 들여 소금을 채취하기 위해 조성된 토지와 이에 접속된 제염장 등 부속시설물의 부지. 다만, 천일제염방식에 의하지 않고 동력에 의해 바닷물을 끌어들여 소금을 제조하는 공장시설물의 부지를 제외한다. [2]

⑧ **대**
  ㉠ 영구적 건축물 중 주거·사무실·점포와 박물관·극장·미술관 등 문화시설과 이에 접속된 정원 및 부속시설물의 부지
  ㉡ 「국토의 계획 및 이용에 관한 법률」 등 관계 법령에 따른 택지조성공사가 준공된 토지

⑨ **공장용지**
  ㉠ 제조업을 하고 있는 공장시설물의 부지
  ㉡ 「산업집적활성화 및 공장설립에 관한 법률」 등 관계 법령에 따른 공장부지조성공사가 준공된 토지
  ㉢ 위 ㉠ 및 ㉡의 토지와 같은 구역 안에 있는 의료시설 등 부속시설물의 부지

⑩ **학교용지**: 학교의 교사와 이에 접속된 체육장 등 부속시설물의 부지

⑪ **주차장**: 자동차 등의 주차에 필요한 독립적인 시설을 갖춘 부지와 주차전용 건축물 및 이에 접속된 부속시설물의 부지. 다만, 다음의 어느 하나에 해당하는 시설의 부지를 제외한다.
  ㉠ 「주차장법」 제2조 제1호 가목 및 다목에 따른 노상주차장 및 부설주차장(「주차장법」 제19조 제4항에 따라 시설물의 부지 인근에 설치된 부설주차장을 제외) [3]
  ㉡ 자동차 등의 판매목적으로 설치된 물류장 및 야외전시장 [4]

TIP
'수죽암자 모습황'으로 암기한다.

[1] 송수관·송유관은 '잡종지'로 한다(저장시설은 '창고용지').

[2] '공장용지'로 한다.

⚡기출

01 영구적 건축물 중 주거·사무실·점포와 박물관·극장·미술관 등 문화시설과 이에 접속된 정원 및 부속시설물의 부지와 「국토의 계획 및 이용에 관한 법률」 등 관계 법령에 따른 택지조성공사가 준공된 토지는 (   )로 한다. 제36회

[3]
• **노상주차장**: '도로'
• **부설주차장**: 일반적으로 '대'
• **시설물 부지 인근에 설치된 부설주차장**: '주차장'

[4]
'잡종지'로 한다.

기출정답
01 대

⑫ **주유소용지**
  ㉠ 석유·석유제품, 액화석유가스, 전기 또는 수소 등의 판매를 위해 일정한 설비를 갖춘 시설물의 부지
  ㉡ 저유소 및 원유저장소의 부지와 이에 접속된 부속시설물의 부지
  ㉢ 다만, 자동차·선박·기차 등의 제작 또는 정비공장 안에 설치된 급유·송유시설 등의 부지를 제외한다.[1]

⑬ **창고용지**: 물건 등을 보관 또는 저장하기 위해 독립적으로 설치된 보관시설물의 부지와 이에 접속된 부속시설물의 부지

⑭ **도로**
  ㉠ 일반 공중의 교통운수를 위해 보행 또는 차량운행에 필요한 일정한 설비 또는 형태를 갖추어 이용되는 토지
  ㉡ 「도로법」 등 관계 법령에 따라 도로로 개설된 토지
  ㉢ 고속도로 안의 휴게소 부지[2]
  ㉣ 2필지 이상에 진입하는 통로로 이용되는 토지
  ㉤ 다만, 아파트·공장 등 단일 용도의 일정한 단지 안에 설치된 통로 등은 제외한다.

⑮ **철도용지**: 교통운수를 위해 일정한 궤도 등의 설비와 형태를 갖추어 이용되는 토지와 이에 접속된 역사·차고·발전시설 및 공작창 등 부속시설물의 부지

⑯ **제방**: 조수·자연유수·모래·바람 등을 막기 위해 설치된 방조제·방수제·방사제·방파제 등의 부지

⑰ **하천**: 자연의 유수(流水)가 있거나 있을 것으로 예상되는 토지

⑱ **구거**: 용수 또는 배수를 위해 일정한 형태를 갖춘 인공적인 수로·둑 및 그 부속시설물의 부지와 자연의 유수(流水)가 있거나 있을 것으로 예상되는 소규모 수로부지

⑲ **유지**: 물이 고이거나 상시적으로 물을 저장하고 있는 댐·저수지·소류지·호수·연못 등의 토지와 연·왕골 등이 자생하는 배수가 잘 되지 않는 토지

⑳ **양어장**: 육상에 인공으로 조성된 수산생물의 번식 또는 양식을 위한 시설을 갖춘 부지와 이에 접속된 부속시설물의 부지

㉑ **수도용지**: 물을 정수하여 공급하기 위한 취수·저수·도수(導水)·정수·송수 및 배수시설의 부지 및 이에 접속된 부속시설물의 부지

㉒ **공원**: 일반 공중의 보건·휴양 및 정서생활에 이용하기 위한 시설을 갖춘 토지로서 「국토의 계획 및 이용에 관한 법률」에 따라 공원 또는 녹지로 결정·고시된 토지[3]

---

[1] '공장용지'로 한다.

[2] 국도 및 지방도로의 휴게소의 지목은 '대'로 한다.

⚡ 기출

01 용수 또는 배수를 위해 일정한 형태를 갖춘 인공적인 수로·둑 및 그 부속시설물의 부지와 자연의 유수가 있거나 있을 것으로 예상되는 소규모 수로부지는 (　　)로 한다.
제26·29·32회

02 물이 고이거나 상시적으로 물을 저장하고 있는 댐·저수지·소류지·호수·연못 등의 토지와 연·왕골 등이 자생하는 배수가 잘되지 않는 토지는 (　　)로 한다.
제28·30·32회

[3]
• 「도시공원 및 녹지 등에 관한 법률」에 의한 묘지공원: '묘지'
• 「자연공원법」에 의한 국립공원, 도립공원, 군립공원: '임야'

기출정답
01 구거　02 유지

㉓ **체육용지**: 국민의 건강증진 등을 위한 체육활동에 적합한 시설과 형태를 갖춘 종합운동장·실내체육관·야구장·골프장·스키장·승마장·경륜장 등 체육시설의 토지와 이에 접속된 부속시설물의 부지. 다만, 체육시설로서의 영속성과 독립성이 미흡한 정구장·골프연습장·실내수영장 및 체육도장과 유수(流水)를 이용한 요트장 및 카누장 등의 토지를 제외한다. **1**

㉔ **유원지**: 일반 공중의 위락·휴양 등에 적합한 시설물을 종합적으로 갖춘 수영장·유선장·낚시터·어린이놀이터·동물원·식물원·민속촌·경마장·**야영장** 등의 토지와 이에 접속된 부속시설물의 부지. 다만, 이들 시설과의 거리 등으로 보아 독립적인 것으로 인정되는 숙식시설 및 유기장의 부지와 하천·구거 또는 유지로 분류되는 것을 제외한다.

㉕ **종교용지**: 일반 공중의 종교의식을 위해 예배·법요·설교·제사 등을 하기 위한 교회·사찰·향교 등 건축물의 부지와 이에 접속된 부속시설물의 부지

㉖ **사적지**: 국가유산으로 지정된 역사적인 유적·고적·기념물 등을 보존하기 위해 구획된 토지. 다만, 학교용지·공원·종교용지 등 다른 지목으로 된 토지 안에 있는 유적·고적·기념물 등을 보호하기 위해 구획된 토지를 제외한다. **2**

㉗ **묘지**: 사람의 시체나 유골이 매장된 토지, 「도시공원 및 녹지 등에 관한 법률」에 따른 묘지공원으로 결정·고시된 토지 및 「장사 등에 관한 법률」에 따른 봉안시설과 이에 접속된 부속시설물의 부지. 다만, 묘지의 관리를 위한 건축물의 부지는 '대'로 한다.

㉘ **잡종지**
   ㉠ 갈대밭, 실외에 물건을 쌓아두는 곳, 돌을 캐내는 곳, 흙을 파내는 곳, 야외시장 및 공동우물
   ㉡ 변전소, 송신소, 수신소 및 송유시설 등의 부지
   ㉢ 여객자동차터미널, 자동차운전학원 및 폐차장 등 **자동차와 관련된 독립적인 시설물을 갖춘 부지**
   ㉣ **공항시설 및 항만시설 부지**
   ㉤ 도축장, 쓰레기처리장 및 오물처리장 등의 부지
   ㉥ 그 밖에 다른 지목에 속하지 않는 토지
   ㉦ 다만, 원상회복을 조건으로 돌을 캐내는 곳 또는 흙을 파내는 곳으로 허가된 토지를 제외한다.

---

1 유수를 이용한 요트장 및 카누장은 '하천'으로 한다.

2 원래의 지목으로 결정한다.

⚡기출

01 학교용지·공원·종교용지 등 다른 지목으로 된 토지에 있는 유적·고적·기념물을 보호하기 위하여 구획된 토지는 ( )에서 제외한다.
제28·33회

기출정답

01 사적지

기출

01 지목을 지적도에 등록하는 경우에 유원지는 ( ), 공장용지는 ( )으로 표기하여야 한다.
제27·29·30회

02 공유수면매립지의 토지 중 제방 등을 토지에 편입하여 등록하는 경우 지상경계의 결정 기준은 ( )으로 한다.
제25·27·29·32회

(4) 지목의 표기방법

토지대장·임야대장	정식명칭과 코드번호를 함께 등록
지적도·임야도	① 원칙: 두(頭)문자 ② 예외: 차(次)문자 ⇨ 주차장(차), 유원지(원), 공장(장), 하천(천)

> **개념 PLUS | 지목 관련 질의·회신**
>
> 1. 지목이 답인 토지에 양송이 재배사를 신축하여 사용하는 경우 지목은 답으로 결정한다.
> 2. 준농림지역의 전 또는 답에 키위 및 포도나무를 식재하여 이용 중인 부지의 지목은 과수원으로 결정한다.
> 3. 농지에 다년생 식물 재배허가를 받아 목초를 재배하는 경우의 지목은 목장용지로 한다.
> 4. 토지구획정리사업이 완료된 지구 내의 전·답의 지목은 대로 한다.
> 5. 공장 안에 있는 농지가 체육시설(테니스장·족구장) 부지로 형질변경이 준공된 경우에 지목은 공장용지로 결정한다.
> 6. 지하철(도로 터널구간)의 토지가 지적공부상 분할이 된 경우 지목은 변경하지 아니한다(우리나라는 2차원 지적이므로 지표면을 대상으로 한다).
> 7. 눈썰매장으로 농지전용협의 또는 토지형질변경허가를 받아 준공된 토지는 체육용지로 지목을 정한다.

3. 경계 [빈출]

(1) 의의

경계란 필지별로 경계점들을 직선으로 연결하여 지적공부에 등록한 선을 말한다.

(2) 지상경계의 설정기준

① 연접되는 토지간에 높낮이(고저) 차이가 없는 경우: 그 구조물 등의 **중앙**
② 연접되는 토지간에 높낮이(고저) 차이가 있는 경우: 그 구조물 등의 **하단부**
③ 도로·구거 등의 토지에 절토된 부분이 있는 경우: 그 경사면 **상단부**
④ 토지가 해면 또는 수면에 접하는 경우: **최대만조위** 또는 **최대만수위**가 되는 선
⑤ 공유수면매립지의 토지 중 제방 등을 토지에 편입하여 등록하는 경우: **바깥쪽 어깨부분**

  ✚ 지상경계의 구획을 형성하는 구조물 등의 소유자가 다른 경우에는 위 ① 내지 ③에도 불구하고 그 소유권에 의하여 지상경계를 결정한다.

기출정답
01 원, 장
02 바깥쪽 어깨부분

> ★ **개념 PLUS | 지상경계의 위치표시 등**
>
> 1. 토지의 지상경계는 둑·담장이나 그 밖에 구획의 목표가 될 만한 구조물 및 경계점표지 등으로 표시한다.
> 2. 지적확정측량의 경계는 공사가 완료된 현황대로 결정하되, 공사가 완료된 현황이 사업계획도와 다를 때에는 미리 사업시행자에게 그 사실을 통지하여야 한다.

(3) 지상경계점등록부의 등록사항 - 지적소관청이 작성·관리

① 토지의 소재와 지번
② 경계점 좌표(경계점좌표등록부 시행지역 한정)
③ 경계점 위치 설명도
④ 공부상 지목과 실제 토지이용 지목
⑤ 경계점의 사진 파일, 경계점표지의 종류 및 경계점 위치

(4) 분할에 따른 지상경계

① **원칙**: 분할에 따른 지상경계는 지상건축물을 걸리게 결정하여서는 안 된다.
② **예외**: 아래의 어느 하나에 해당하는 경우에는 그렇지 않다.
　㉠ 법원의 확정판결이 있는 경우
　㉡ 공공사업으로 인하여 학교용지·도로·철도용지·제방·하천·구거·유지·수도용지 등의 지목으로 되는 토지를 분할하는 경우
　㉢ 도시개발사업 등의 사업시행자가 사업지구의 경계를 결정하기 위하여 분할하는 경우
　㉣ 「국토의 계획 및 이용에 관한 법률」에 따른 도시·군관리계획 결정고시와 같은 법률에 따른 지형도면 고시가 된 지역의 도시·군관리계획선에 따라 토지를 분할하려는 경우

> ★ **개념 PLUS | 지상경계점에 경계점표지를 설치한 후 측량할 수 있는 경우**
>
> 1. 도시개발사업 등 사업시행자가 사업지구의 경계 결정을 위하여 분할하려는 경우
> 2. 공공사업으로 인하여 학교용지·도로·철도용지·제방·하천·구거·유지·수도용지 등의 지목으로 되는 토지 및 국가나 지방자치단체가 취득하는 토지를 사업시행자와 국가기관 또는 지방자치단체의 장이 토지를 취득하기 위하여 분할하려는 경우
> 3. 「국토의 계획 및 이용에 관한 법률」에 따른 도시·군관리계획 결정고시와 같은 법에 따른 지형도면 고시가 된 지역의 도시·군관리계획선에 따라 토지를 분할하려는 경우

⚡기출

01 지적소관청은 토지의 이동에 따라 지상경계를 새로 정한 경우에는 경계점 위치 설명도 등을 등록한 (　　)를 작성·관리하여야 한다.
제27·28·29·30·34·35회

02 분할에 따른 지상경계는 지상건축물을 걸리게 결정해서는 아니 된다. 다만, (　　)이 있는 경우에는 그러하지 아니하다.
제24·27회

03 도시개발사업 등의 사업시행자가 사업지구의 경계를 결정하기 위하여 토지를 분할하려는 경우에는 지상경계점에 경계점표지를 설치하여 측량할 수 (　　).
제27·29회

TIP
㉠~㉣의 경우 국가가 관여할 때로 이해하면 된다.

기출정답
01 지상경계점등록부
02 법원의 확정판결
03 있다

> 4. 소유권이전, 매매 등을 위하여 또는 토지이용상 불합리한 지상경계를 시정하기 위하여 분할하고자 하는 경우
> 5. 관계 법령에 따라 인가·허가 등을 받아 분할하려는 경우

TIP
건축물이 걸리게 분할할 수 있는 경우(국가가 관여할 때)에 4.가 추가된 것으로 이해하면 된다.

4. 면적 빈출

(1) 의의
지적공부에 등록된 수평면상의 넓이를 말한다(경사면적 ×).

(2) 면적의 표시
척관법에서 미터법으로 변경되었다(평 × 3.3058 = m^2).

(3) 면적측정의 대상

면적측정의 대상인 경우	신규등록, 등록전환, 분할, 축척변경, 지적확정측량, 등록사항의 정정, 지적공부의 복구, 경계복원측량·지적현황측량에 면적측량이 수반되는 경우 등
면적측정의 대상이 아닌 경우	합병, 지목변경, 지번변경, 위치정정, 경계복원측량, 지적현황측량

TIP
경계복원측량과 지적현황측량은 면적측정의 대상은 아니지만, 지적측량의 대상이다.

(4) 면적의 등록단위 및 단수처리

도면	축척	최소단위	단수처리기준 및 단수처리

지적도	• 경계점좌표등록부 시행지역
	• 1/600
		0.1m^2	① 0.05 초과: 올림
			② 0.05
			  • 앞자리가 홀수: 올림
			  • 앞자리가 0 또는 짝수: 버림
			③ 0.05 미만: 버림

지적도	• 1/1,000 • 1/1,200
	• 1/2,400 • 1/3,000
	• 1/6,000
		1m^2	① 0.5 초과: 올림
			② 0.5
			  • 앞자리가 홀수: 올림
			  • 앞자리가 0 또는 짝수: 버림
			③ 0.5 미만: 버림

임야도	• 1/3,000 • 1/6,000		

⚡ 기출

01 지적도의 축척이 1/600인 지역과 경계점좌표등록부 시행지역인 경우에 1필지의 면적이 0.1m^2 미만인 때에는 (   )m^2로 한다.
제25·28·30회

✚ 지적도의 축척이 1/600인 지역과 경계점좌표등록부에 등록하는 지역의 1필지 면적이 0.1m^2 미만일 때에는 **0.1m^2**로 하며, 그 외 지역의 1필지 면적이 1m^2 미만일 때에는 **1m^2**로 한다.

(5) 면적측정방법
① 좌표면적계산법
② 전자면적계산법

기출정답
01 0.1

제3장 지적공부

기본서 p.56~80

01 지적공부의 의의와 종류

1. 의의

지적공부란 토지의 소재·지번·지목·면적·경계 또는 좌표 등 지적에 관한 주요 내용을 등록하여 그 내용을 공적으로 증명하는 장부를 말한다.

2. 지적공부의 종류

구분	내용
가시적 지적공부	① **대장**: 토지대장, 임야대장, 공유지연명부, 대지권등록부 ② **도면**: 지적도, 임야도 ③ 경계점좌표등록부
불가시적 지적공부	전산지적공부(지적파일)

02 지적공부의 등록사항 빈출

1. 토지대장과 임야대장

(1) 의의

① **토지대장**: 임야대장에 등록할 것으로 정한 토지를 제외한 모든 토지의 일정사항을 등록한 공적장부를 말한다.
② **임야대장**: 토지대장에의 등록에서 제외된 토지의 일정사항을 등록한 공적장부를 말한다.

(2) 물적편성주의

토지대장 및 임야대장은 각 필지별로 편성한다.

> **TIP**
> 지적공부의 등록사항은 중요한 출제포인트이므로 등록사항을 개별적으로 암기하기보다는 토지대장, 도면, 경계점좌표등록부의 장부 형태로 기억하는 것이 문제를 풀 때 유리하다.

기출

01 ( )에 토지의 소재, 지번, 지목, 면적, 토지의 소유자에 관한 사항, 토지이동의 사유 등을 등록하여야 한다.

제26 · 27 · 31 · 36회

(3) 필요적 등록사항

① **소재**: 동 · 리 단위의 행정구역을 표시
② **지번**: 아라비아숫자로 표시(임야대장에 등록되는 토지는 숫자 앞에 '산'자를 표기)
③ **지목**: 정식명칭을 기재
④ **면적**: m^2 단위로 기재
⑤ 소유자의 성명 또는 명칭, 주소 및 주민등록번호(국가, 지방자치단체, 법인, 법인 아닌 사단이나 재단 및 외국인의 경우에는 부동산등기용등록번호)
⑥ 토지소유자가 변경된 날과 그 원인
⑦ **토지의 고유번호**
   ㉠ **의의**: 각 필지를 서로 구별하기 위하여 필지마다 붙이는 고유한 번호
   ㉡ **기능**: 토지의 특정성을 부여하고 지적업무의 전산화에 따라 각종 자료의 검색에 중요한 역할을 한다.
   ㉢ **구성(총 19자리의 숫자)**

10자리 (행정구역)	1자리 (대장번호)	8자리 (지번: 본번 4자리, 부번 4자리)

   ✚ 대장번호의 경우 **토지대장은 '1', 임야대장은 '2'**를 부여

⑧ 토지의 이동사유
⑨ 지적도 또는 임야도의 번호와 필지별 대장의 장번호 및 축척
⑩ 토지등급 또는 기준수확량등급과 그 설정 · 수정연월일
⑪ 개별공시지가와 그 기준일

(4) 임의적 등록사항(용도지역)

기출정답

01 토지대장 및 임야대장

「공간정보의 구축 및 관리 등에 관한 법률 시행규칙」[별지 제63호 서식]

고유번호				토지 대장		도면번호		발급번호	
토지소재						장번호		처리시각	
지번		축척				비고		발급자	

토지표시				소유자			
지목	면적(m²)	사유		변동일자		주소	
				변동원인	성명 또는 명칭		등록번호
				년 월 일			
				년 월 일			

등급수정 연 월 일															
토지등급 (기준수확량등급)	( )	( )	( )	( )	( )	( )	( )	( )	( )	( )	( )	( )	( )	( )	( )
개별공시지가 기준일													용도지역 등		
개별공시지가(원/m²)															

2. 공유지연명부

(1) 의의

공유지연명부란 1필지 소유자가 2인 이상일 때 소유권의 표시사항을 체계적이며 효율적으로 등록·관리하기 위하여 대장 이외에 별도로 작성하는 장부를 말한다.

(2) 등록사항

① 토지의 소재와 지번[1]
② 토지의 고유번호[2]
③ 소유자의 성명·주소·주민등록번호
④ 토지소유자가 변경된 날과 그 원인
⑤ 소유권 지분
⑥ 필지별 공유지연명부의 장번호

[1] 소재와 지번은 모든 지적공부의 공통된 등록사항이다.

[2] 토지의 고유번호는 지적도와 임야도에 등록하지 아니한다.

3. 대지권등록부

(1) 의의

구분소유자가 전유부분을 소유하기 위하여 건물의 대지에 갖는 권리를 대지권이라 한다. 「집합건물의 소유 및 관리에 관한 법률」에 따라 대지권의 뜻의 등기를 한 토지에 대하여 토지대장, 임야대장 이외에 지적공부의 정리의 효율화를 위하여 별도 작성·비치하는 장부를 대지권등록부라 한다.

TIP
대지권등록부는 공유지연명부의 한 종류로서 공유지연명부의 등록사항은 공통으로 등록하고 (2)의 ⑥⑦⑧은 아파트에 관한 사항이다.

(2) 등록사항

① 토지의 소재와 지번
② 토지의 고유번호
③ 소유자의 성명·주소·주민등록번호
④ 토지소유자가 변경된 날과 그 원인
⑤ 소유권 지분
⑥ 건물명칭
⑦ 전유부분의 건물표시
⑧ 대지권의 비율
⑨ 집합건물별 대지권등록부의 장번호

⚡ **기출**
01 토지의 소재와 지번, 토지의 고유번호, 토지의 소유자에 관한 사항, (　　) 은 공유지연명부와 대지권등록부의 공통된 등록사항이다. 제29·32·33회

4. 지적도와 임야도

(1) 의의

지적도란 토지대장에 등록된 토지를 도면으로 나타내는 장부를, 임야도란 임야대장에 등록된 토지를 도면으로 나타내는 장부를 말한다.

(2) 등록사항

① 소재
② **지번**: 아라비아숫자로 표시(임야도에 등록하는 토지는 '산'자를 표시)
③ **지목**: 도면의 지목은 부호로 표시(원칙: 두문자, 예외: 차문자)
④ **경계**: 각각의 굴곡점을 잇는 직선으로 표시
⑤ **지적도면의 색인도**: 인접도면의 연결순서를 표시하기 위하여 기재한 도표와 번호
⑥ 도면의 제명 및 축척
⑦ **도곽선과 그 수치**: 지적측량기준점의 전개, 방위, 인접도면과의 접합, 도곽의 신축보정 등에 따른 기준선으로서의 역할(모든 도면에 등록)

기출정답
01 소유권 지분

⑧ 좌표에 의해 계산된 경계점간의 거리(경계점좌표등록부를 갖춰 두는 지역으로 한정)
⑨ 삼각점 및 지적측량기준점의 위치
⑩ 건축물 및 구조물 등의 위치
⑪ 그 밖에 국토교통부장관이 정하는 사항

> **암기 PLUS | 경계점좌표등록부 시행지역의 지적도의 특칙**
>
> 1. 도면의 제명 끝에 '(좌표)'라고 표시
> 2. 좌표에 의하여 계산된 경계점간 거리를 등록
> 3. 도곽선의 오른쪽 아래 끝에 '이 도면에 의하여 측량을 할 수 없음'이라고 기재

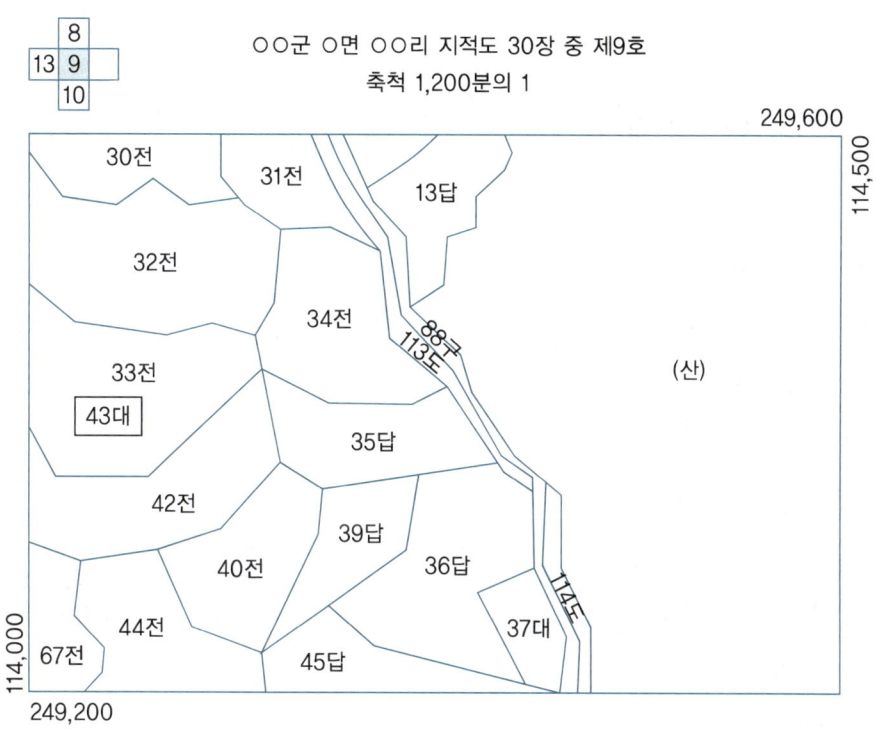

기출

01 지적도(임야도)에 토지의 소재, 지번, 지목, 경계, 지적도면의 색인도, 도곽선과 그 수치, 삼각점 및 지적기준점의 위치, ( ) 등을 등록한다.

제27·29·32회

02 경계점좌표등록부를 갖춰 두는 지역의 지적도에는 해당 도면의 제명 끝에 '(좌표)'라고 표시하고, 도곽선의 오른쪽 아래 끝에 '( )'이라고 적어야 한다.

제26·28·29회

기출정답

01 건축물 및 구조물 등의 위치
02 이 도면에 의하여 측량을 할 수 없음

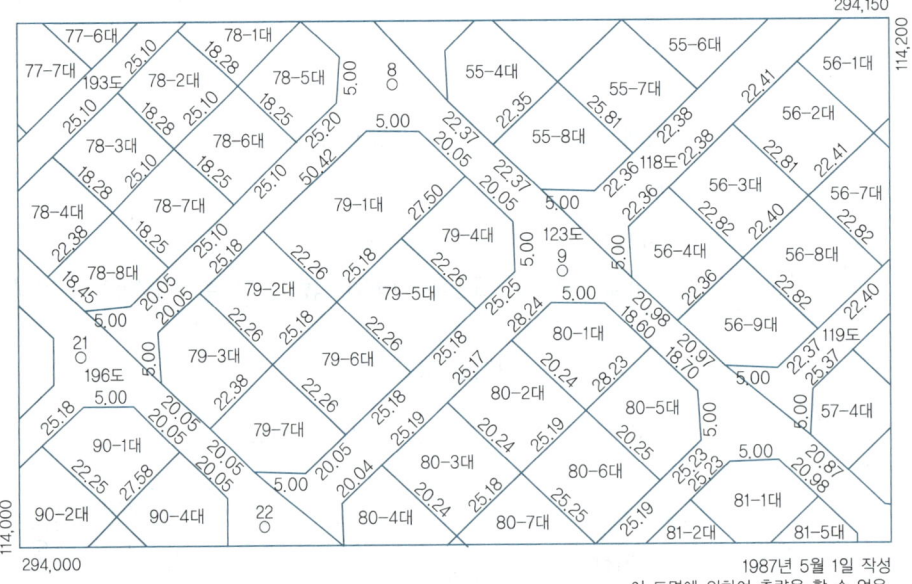

(3) 도면의 축척

① 지적도의 축척: 1/500, 1/600, 1/1,000, 1/1,200, 1/2,400, 1/3,000, 1/6,000

② 임야도의 축척: 1/3,000, 1/6,000

(4) 도곽의 크기와 면적

구분	도상 거리		실제 거리		도곽 내의 전체면적(m^2)
	세로(cm)	가로(cm)	세로(m)	가로(m)	
1/500	30	40	150	200	30,000
1/1,000	30	40	300	400	120,000

5. 경계점좌표등록부

(1) 의의

① 경계점좌표등록부란 지적에 관한 사항을 평면직각종횡선의 수치, 즉 숫자가 붙어 있는 좌표에 의하여 필지의 형태를 나타내는 공부로 **대장형식의 도면**을 말한다.
② 경계점좌표등록부 시행지역에서는 토지대장과 지적도를 함께 구비하여야 한다.
③ 장·단점: 도해지적보다 정밀성이 높으나, 일반인의 이해가 쉽지 않다.

(2) 작성대상지역

① 지적소관청은 도시개발사업 등에 따라 새로이 지적공부에 등록하는 토지에 대하여는 경계점좌표등록부를 작성하고 갖춰 두어야 한다.
② **의무적 작성지역**: **지적확정측량** 또는 **축척변경**을 위한 측량을 실시하여 경계점을 좌표로 등록한 지역의 토지로 한다.

(3) 등록사항

① 토지의 소재와 지번
② 토지의 고유번호
③ 부호 및 부호도
④ 좌표
⑤ 도면번호, 필지별 경계점좌표등록부의 장번호

(4) 경계점좌표등록부의 정리

① 경계점좌표등록부를 비치한 지역에서 토지의 경계결정과 지표상의 복원은 **좌표**에 의한다.
② 도시개발사업 등의 시행지역과 축척변경 시행지역은 **1/500**으로 하고, 농지 구획정리 지역은 1/1,000로 하되, 미리 시·도지사의 승인을 받아 1/6,000까지 작성할 수 있다.

⚡기출

01 경계점좌표등록부를 갖춰 두는 토지는 (　　) 또는 축척변경을 위한 측량을 실시하여 점을 좌표로 등록한 지역의 토지로 한다. 제28회

기출정답

01 지적확정측량

「공간정보의 구축 및 관리 등에 관한 법률 시행규칙」 [별지 제69호 서식]

경계점좌표등록부

토지소재	
지번	
출력축척	

발급번호	
처리시각	
발급자	

부호	좌표 X (m)	좌표 Y (m)	부호	좌표 X (m)	좌표 Y (m)

6. 전산지적공부

(1) 의의

전산지적공부란 지적공부에 등록될 사항을 전산정보처리시스템을 통하여 기록·저장된 지적공부를 말한다.

(2) 전산지적공부의 종류

토지대장·임야대장·공유지연명부 및 대지권등록부의 등록사항을 전산입력한 대장파일과 도면을 전산화한 도면파일 그리고 경계점좌표등록부파일이 있다.

03 지적공부의 보관 및 공개

1. 지적공부의 보존 등

구분	가시적 지적공부	불가시적 지적공부
보존	지적소관청은 해당 청사에 지적서고를 설치하고 그 곳에 지적공부를 영구히 보존	정보처리시스템을 통하여 기록·저장한 경우 관할 시·도지사, 시장·군수 또는 구청장은 지적정보관리체계에 영구히 보존
반출	• 천재지변 등 • 관할 시·도지사 또는 대도시 시장의 승인	-
열람, 등본의 발급	해당 지적소관청에 신청	특별자치시장, 시장·군수 또는 구청장이나 읍·면·동의 장에게 신청 (지적도·임야도는 제외)

✚ **국토교통부장관**은 정보처리시스템에 따라 보존하여야 하는 지적공부가 멸실되거나 훼손될 경우를 대비하여 지적공부를 복제하여 관리하는 정보관리체계를 구축하여야 한다.

2. 지적정보 전담 관리기구의 설치

> 법 제70조【지적정보 전담 관리기구의 설치】① 국토교통부장관은 지적공부의 효율적인 관리 및 활용을 위하여 지적정보 전담 관리기구를 설치·운영한다.
> ② 국토교통부장관은 지적공부를 과세나 부동산정책자료 등으로 활용하기 위하여 주민등록전산자료, 가족관계등록전산자료, 부동산등기전산자료 또는 공시지가전산자료 등을 관리하는 기관에 그 자료를 요청할 수 있으며 요청을 받은 관리기관의 장은 특별한 사정이 없으면 그 요청을 따라야 한다.

3. 지적전산자료의 이용

(1) 의의

지적공부에 관한 전산자료(연속지적도를 포함하며, 이하 '지적전산자료')를 이용하거나 활용하려는 자는 국토교통부장관, 시·도지사 또는 지적소관청에 지적전산자료를 신청하여야 한다.

(2) 관계 중앙행정기관의 심사

지적전산자료를 신청하려는 자는 지적전산자료의 이용 또는 활용 목적 등에 관하여 미리 관계 중앙행정기관의 심사를 받아야 한다.

⚡**기출**

01 ( )는 지적사무를 처리하는 사무실과 연접(連接)하여 설치하여야 한다. 제31·32회

02 정보처리시스템을 통하여 기록·저장된 지적공부(지적도 및 임야도는 제외한다)를 열람하거나 그 등본을 발급받고자 하는 자는 특별자치시장, 시장·군수 또는 구청장이나 ( )에게 신청할 수 있다. 제26·30회

기출정답
01 지적서고
02 읍·면·동의 장

(3) 지적전산자료의 신청

① 전국 단위의 지적전산정보자료: 국토교통부장관, 시·도지사 또는 지적소관청
② 시·도 단위의 지적전산정보자료: 시·도지사 또는 지적소관청
③ 시·군·구(자치구가 아닌 구 포함) 단위의 지적전산정보자료: 지적소관청

✚ 다만, 중앙행정기관의 장이나 그 소속기관의 장 또는 지방자치단체의 장이 승인을 신청하는 때에는 관계 중앙행정기관의 장의 심사를 받지 않는다(법 제76조 제2항 단서).

(4) 심사를 요하지 않는 경우

① 중앙행정기관의 장, 그 소속 기관의 장 또는 지방자치단체의 장이 신청하는 경우
② 관계 중앙행정기관의 심사를 받지 않는 경우
  ㉠ 토지소유자가 자기 토지에 대한 지적전산자료를 신청하는 경우
  ㉡ 토지소유자가 사망하여 그 상속인이 피상속인의 토지에 대한 지적전산자료를 신청하는 경우
  ㉢ 개인정보를 제외한 지적전산자료를 신청하는 경우

4. 부동산종합공부

(1) 부동산종합공부의 관리 및 운영

① 지적소관청은 부동산의 효율적 이용과 부동산과 관련된 정보의 종합적 관리·운영을 위하여 부동산종합공부를 관리·운영한다.
② **지적소관청**은 부동산종합공부를 영구히 보존하여야 하며, 부동산종합공부의 멸실 또는 훼손에 대비하여 별도로 복제하여 관리하는 정보관리체계를 구축하여야 한다.

(2) 부동산종합공부의 등록사항 등

① 토지의 표시와 소유자에 관한 사항: 지적공부의 내용
② 건축물의 표시와 소유자에 관한 사항(토지에 건축물이 있는 경우만 해당): 「건축법」에 따른 건축물대장의 내용
③ 토지의 이용 및 규제에 관한 사항: 「토지이용규제 기본법」에 따른 토지이용계획확인서의 내용
④ 부동산의 가격에 관한 사항: 「부동산 가격공시에 관한 법률」에 따른 개별공시지가, 개별주택가격 및 공동주택가격 공시내용

⚡ **기출**

01 ( )은 부동산종합공부를 영구히 보존하여야 하며, 멸실 또는 훼손에 대비하여 이를 별도로 복제하여 관리하는 정보관리체계를 구축하여야 한다. 제32·36회

기출정답
01 지적소관청

⑤ 그 밖에 부동산의 효율적 이용과 부동산과 관련된 정보의 종합적 관리·운영을 위하여 필요한 사항으로 대통령령으로 정하는 사항(「부동산등기법」에 따른 부동산의 권리에 관한 사항)

(3) 부동산종합공부의 등록사항 정정 등

① 지적소관청은 부동산종합공부의 등록사항 정정을 위하여 부동산종합공부의 등록사항 상호간에 일치하지 아니하는 사항(불일치 등록사항)을 확인 및 관리하여야 한다.
② **지적소관청**은 불일치 등록사항에 대해서는 부동산종합공부의 등록사항을 관리하는 기관의 장에게 그 내용을 통지하여 **등록사항 정정을 요청**할 수 있다.
③ 토지소유자는 부동산종합공부의 등록사항 정정을 지적소관청에 신청할 수 있다.

(4) 부동산종합공부의 열람 및 증명서 발급

부동산종합공부를 열람하거나 부동산종합공부 기록사항의 전부 또는 일부에 관한 증명서(부동산종합증명서)를 발급받으려는 자는 지적소관청이나 읍·면·동의 장에게 신청할 수 있다.

04 지적공부의 복구 및 기타장부

1. 지적공부의 복구

(1) 의의

지적소관청이 지적공부를 복구하고자 하는 때(전산처리된 지적공부의 경우에는 시·도지사, 시장·군수, 구청장)에는 멸실·훼손 당시의 지적공부와 가장 부합된다고 인정되는 관계자료에 따라 토지의 표시에 관한 사항과 소유자에 관한 사항 등을 복구해야 한다.

⚡기출

01 지적소관청은 「부동산등기법」 제48조에 따른 부동산의 (　)에 관한 사항을 부동산종합공부에 등록하여야 한다. 제32회

02 (　)은 불일치 등록사항에 대해서는 등록사항을 관리하는 기관의 장에게 그 내용을 통지하여 등록사항 정정을 요청할 수 있다. 제27회

TIP
지적공부의 복구는 지적소관청의 권한으로 시·도지사 등의 승인을 요하지 아니한다.

기출정답
01 권리 02 지적소관청

기출

01 지적공부의 등본, 측량 결과도, 토지이동정리 결의서, 법원의 확정판결서 정본 또는 사본 등은 (　　)에 관한 관계 자료에 해당한다.
<small>제28·31·33·35회</small>

02 지적소관청은 지번변경의 사유로 지번에 결번이 생긴 때에는 (　　)에 적어 영구히 보존하여야 한다.
<small>제26·27회</small>

(2) 지적공부의 복구자료

토지의 표시에 관한 사항	• 지적공부의 등본 • 법률에 따라 복제된 지적공부 • 측량 결과도 • 토지이동정리 결의서 • 법원의 확정판결서 정본 또는 사본 • 지적소관청이 작성하거나 발행한 지적공부의 등록사항을 증명하는 서류 • 토지(건물)등기사항증명서 등 등기사실을 증명하는 서류
소유자에 관한 사항	• 부동산등기부 • 법원의 확정판결

(3) 지적공부의 복구절차

복구자료의 조사 ⇨ 복구자료조사서 및 복구자료도의 작성 ⇨ 지적공부의 복구측량 ⇨ 측량결과의 게시(15일 이상) ⇨ 이의신청 ⇨ 지적공부의 복구

✚ 복구자료 중 대장의 등록내용을 증명하는 서류 등에 의하여 지적복구자료조사서를 작성하고, 도면의 등록내용을 증명하는 서류 등에 의하여 복구자료도를 작성하여야 한다.

✚ 작성된 복구자료도에 의하여 측정한 면적과 지적복구자료조사서의 조사된 면적의 증감이 허용범위를 초과하거나 복구자료도를 작성할 복구자료가 없는 때에는 복구측량을 하여야 한다.

2. 지적공부 외의 기타 장부

일람도	① 지적도(임야도)의 배치나 접속관계를 한번에 알 수 있도록 지번부여지역마다 그 대략적인 지적내용을 표시하여 놓은 보조도면 ② 동·리의 개황을 표시하여 동·리 내 주요 지형·지물과 각 지적도의 접속관계를 용이하게 파악 ③ 해당 도면 축척의 10분의 1로 작성
결번대장	① 지번부여지역인 동·리 단위별로 순차적으로 설정된 지번에 합병 등의 사유로 결번이 생긴 때 지적소관청이 그 결번과 발생사유를 등록·관리하는 장부 ② 토지대장과 임야대장을 구별하여 작성·비치하되, 지적서고에 영구히 보존·관리

기출정답
01 지적공부의 복구
02 결번대장

제4장 토지의 이동 및 지적정리

기본서 p.82~114

01 토지의 이동의 의의

(1) 토지의 이동이란 토지의 표시(소재, 지번, 지목, 경계, 좌표 또는 면적)를 새로이 정하거나 변경 또는 말소하는 것을 말한다.

(2) 토지이동에는 신규등록, 등록전환, 분할, 합병, 지목변경, 축척변경, 바다로 된 토지의 말소, 도시개발사업, 행정구역명칭의 변경, 등록사항 정정 등이 있다.

(3) 토지소유자의 변경, 토지소유자의 주소변경, 토지의 등급변경, 개별공시지가의 변경은 토지이동이 아니다.

02 토지의 이동의 종류 빈출

1. 신규등록

(1) 의의

신규등록이란 새로이 조성된 토지 및 등록이 누락되어 있는 토지를 지적공부에 최초로 등록하는 것을 말한다.

(2) 대상토지

① 새로이 조성된 토지(예 공유수면매립지 등)
② 미등록 토지를 발견한 경우

(3) 신청절차

① **신청의무**: 토지소유자는 사유가 발생한 날부터 **60일 이내**에 지적소관청에 신청하여야 한다.

② **첨부서면**[1]

　㉠ 소유권에 관한 서류

　　ⓐ 법원의 확정판결서 정본 또는 사본

　　ⓑ 「공유수면 관리 및 매립에 관한 법률」에 따른 준공검사확인증 사본

　　ⓒ 도시계획구역의 토지를 그 지방자치단체의 명의로 등록하는 때에는 기획재정부장관과 협의한 문서의 사본

　　ⓓ 그 밖에 소유권을 증명할 수 있는 서류의 사본 등

　㉡ 위 ㉠의 어느 하나에 해당하는 서류를 그 지적소관청이 관리하는 경우에 지적소관청의 확인으로써 그 서류의 제출에 갈음할 수 있다.

> [1] 토지이동신청서에 첨부하는 서류 중 측량성과도와 건물대장등본 등을 제외하였다.

(4) 신청의 특징

① 토지의 소재·지번·지목·경계(좌표)·면적은 지적소관청이 조사·측량하여 등록한다.

② 대상토지의 소유자는 확정판결 또는 관계 법령에 의하여 소유권을 취득한 자로 **지적소관청**이 조사·확인하여 등록한다.

③ 신규등록은 토지이동에 포함되나, 다른 토지이동과는 달리 아직 등기부가 존재하지 않으므로 **등기촉탁사유가 아니다.**

2. 등록전환

(1) 의의

등록전환이란 임야대장 및 임야도에 등록된 토지를 토지대장 및 지적도에 옮겨 등록하는 것을 말한다. 토지의 이용도와 지적의 정밀성을 높이는 데 그 목적이 있다.

(2) 대상토지

① 「산지관리법」에 따른 산지전용허가·신고, 산지일시사용허가·신고, 「건축법」에 따른 건축허가·신고 또는 그 밖의 관계 법령에 따른 **개발행위허가** 등을 받은 경우

② 대부분의 토지가 등록전환되어 나머지 토지를 임야도에 계속 존치하는 것이 불합리한 경우

> **TIP**
> 2020년 개정으로 등록전환의 대상에서 지목변경을 수반하는 경우를 삭제하여 현행법은 지목변경을 등록전환의 요건으로 하지 아니한다.

③ 임야도에 등록된 토지가 사실상 형질변경 되었으나 지목변경을 할 수 없는 경우
④ 도시·군관리계획선에 따라 토지를 분할하는 경우

(3) 신청절차

① **신청의무**: 토지소유자는 그 사유가 발생한 날부터 60일 이내에 지적소관청에 신청하여야 한다.
② **첨부서류**[1]
  ㉠ 등록전환사유를 기재한 신청서
  ㉡ 관계 법령에 따른 개발행위 허가 등을 증명하는 서류의 사본
③ 위에 따른 서류를 그 지적소관청이 관리하는 경우에는 지적소관청의 확인으로써 그 서류의 제출에 갈음할 수 있다.

[1] 등록전환측량성과도를 첨부서류에서 제외한다.

(4) 등록전환의 특징

① 등록전환을 하기 위해서 반드시 지적측량을 실시하여 경계와 면적을 결정한다.
② 임야대장 및 임야도의 등록을 말소한다.
③ 임야대장의 면적과 등록전환될 면적의 차이가 오차허용범위 이내인 경우에는 등록전환될 면적을 결정하고, 오차허용범위를 초과하는 경우에는 임야대장의 면적 또는 임야도의 경계를 지적소관청이 직권정정한 후 등록전환을 하여야 한다.

3. 분할

(1) 의의

분할이란 지적공부에 등록된 1필지를 2필지 이상으로 나누어 등록하는 것을 말한다.

(2) 분할대상토지

① 소유권이전, 매매 등을 위하여 필요한 경우
② 토지이용상 불합리한 지상경계를 시정하기 위한 경우
③ 지적공부에 등록된 1필지의 일부가 형질변경 등으로 용도가 변경된 경우 (의무적 분할)

⚡기출

01 임야대장의 면적과 등록전환될 면적의 차이가 가목의 계산식에 따른 허용범위 (　　)인 경우에는 등록전환될 면적을 등록전환 면적으로 결정하고, 허용범위를 (　　)하는 경우에는 임야대장의 면적 또는 임야도의 경계를 지적소관청이 직권으로 정정하여야 한다.
제22·31회

기출정답

01 이내, 초과

(3) 신청절차

① 원칙: 신청의무나 기간제한이 없다.
② 예외 - 신청의무: 소유자는 지적공부에 등록된 1필지의 일부가 형질변경 등으로 용도가 변경된 경우에 용도가 변경된 날부터 60일 이내에 지적소관청에 분할을 신청하여야 한다.
③ 관계 법령에 따라 해당 토지에 대한 분할이 개발행위 허가 등의 대상인 경우에는 개발행위 허가 등을 받은 이후에 분할을 신청할 수 있다.
④ 분할신청시 제출서류[1]
  ㉠ 분할사유를 기재한 신청서
  ㉡ 1필지의 일부가 형질변경 등으로 용도가 다르게 되어 분할하는 때에는 지목변경신청서
  ㉢ 분할허가대상인 토지의 경우에는 그 허가서 사본
  ㉣ 법원의 확정판결에 의하여 분할하는 경우에는 확정판결서 정본 또는 사본

[1] 아래의 어느 하나에 해당하는 서류를 그 지적소관청이 관리하는 경우에는 지적소관청의 확인으로써 그 서류의 제출에 갈음할 수 있다.

(4) 경계·면적의 결정

① 분할시 경계의 결정은 종전의 경계나 면적은 버리고 새로이 측량하여 결정한다.
② 면적의 결정에 있어서는 분할 전의 면적과 분할 후의 면적이 같아야 한다.
③ 분할 전후 면적의 차이가 허용범위 이내인 경우에는 그 오차를 분할 후의 각 필지의 면적에 따라 나누고, 허용범위를 초과하는 경우에는 지적공부상의 면적 또는 경계를 정정하여야 한다.

4. 합병

(1) 의의

합병이란 지적공부에 등록된 2필지 이상을 1필지로 합하여 등록하는 것을 말한다.

(2) 합병의 대상

① 소유자의 필요에 의한 경우
② 「주택법」에 의한 공동주택의 부지의 경우
③ 도로·제방·하천·구거·유지·공장용지·학교용지·철도용지·수도용지·공원·체육용지 등으로 합병하여야 할 토지가 있는 경우

(3) 신청절차

① **원칙**: 토지소유자는 토지를 합병하려면 지적소관청에 합병을 신청할 수 있다.
② **예외**: 의무적 합병
  ㉠ 「주택법」에 따른 공동주택의 부지
  ㉡ 도로·제방·하천·구거·유지·공장용지·학교용지·철도용지·수도용지·공원·체육용지 등으로 합병하여야 할 토지가 있으면 그 사유가 발생한 날부터 60일 이내에 지적소관청에 합병을 신청하여야 한다.

(4) 합병요건

① 합병하고자 하는 각 필지의 소유자가 같을 것
② 합병하고자 하는 각 필지의 지목이 같을 것
③ 합병하고자 하는 각 필지의 지번부여지역이 같을 것
④ 합병하고자 하는 각 필지가 연접되어 있을 것
⑤ 합병하고자 하는 각 필지의 등기 여부가 동일할 것
⑥ 합병하고자 하는 각 필지의 도면의 축척이 같을 것
⑦ **합병하려는 토지에 다음의 등기 외의 등기가 없을 것**[1]
  ㉠ 소유권·지상권·전세권 또는 임차권의 등기, 승역지(承役地)에 대한 지역권의 등기
  ㉡ 합병하려는 토지 전부에 등기원인 및 그 연월일과 접수번호가 같은 저당권등기(창설적 공동저당)
  ㉢ 합병하려는 토지 전부에 대한 신탁원부의 등기사항이 동일한 신탁등기
⑧ 합병하려는 각 필지의 지목은 같으나 일부 토지의 용도가 다르게 되어 분할대상토지[2]가 아니어야 한다. 다만, 합병신청과 동시에 용도에 따라 분할신청을 하는 경우에는 그렇지 않다.
⑨ 합병하고자 하는 토지의 소유자별 공유지분이 같을 것
⑩ 합병하고자 하는 토지가 구획정리·경지정리 또는 축척변경을 시행하고 있는 지역 안의 토지와 지역 밖의 토지가 아닐 것
⑪ 합병하고자 하는 토지의 소유자의 주소가 같을 것. 다만, 신청을 접수받은 지적소관청이 행정정보의 공동이용을 통하여 확인(신청인이 주민등록표 초본 확인에 동의하지 않는 경우에는 해당 자료를 첨부하도록 하여 확인)한 결과 토지 소유자가 동일인임을 확인할 수 있는 경우에는 합병한다[토지등기사항증명서, 법인등기사항증명서(신청인이 법인인 경우), 주민등록표 초본(신청인이 개인인 경우)].

TIP

(4)의 ①~⑥ 1필지 성립요건의 경우 '소목동연등축'으로 암기한다.

⚡기출

01 합병하려는 토지의 소유자별 공유지분이 같은 경우에 합병할 수 (   ).
제35회

[1] 저당권 등이 없을 것(가등기, 가압류, 가처분 포함)

[2] 의무적 분할대상이 아닐 것

기출정답

01 있다

(5) 합병의 특징

① 합병은 지적측량의 대상이 아니며, **토지이동조사**의 대상이다.
② 토지합병을 하고자 할 때에는 경계 또는 좌표는 합병 전의 각 필지의 경계 또는 좌표가 합병으로 인하여 필요 없게 된 부분을 말소하여 정하고, 면적은 합병 전의 각 필지의 면적을 합산하여 그 필지의 면적으로 한다.
③ 합병 후의 도면의 정리는 합병되는 필지 사이의 경계, 지번, 지목을 말소한 후 유지·관리될 지번, 지목을 새로이 제도한다.

5. 지목변경

(1) 의의

지목변경이란 지적공부에 등록된 지목을 다른 지목으로 바꾸어 등록하는 것을 말한다.

(2) 대상토지

① 「국토의 계획 및 이용에 관한 법률」 등 관계 법령에 따른 토지의 형질변경 등의 공사가 준공된 경우
② 토지 또는 건축물의 용도가 변경된 경우
③ 도시개발사업 등의 원활한 사업추진을 위해 사업시행자가 공사 준공 전에 토지의 합병을 신청하는 경우

(3) 신청절차

① **신청의무**: 토지소유자는 그 사유가 발생한 날부터 **60일 이내**에 지적소관청에 신청하여야 한다.
② **첨부서면**[1]
   ㉠ 지목변경사유를 기재한 신청서
   ㉡ 관계 법령에 의한 토지의 형질변경 등의 공사가 준공되었음을 증명하는 서류의 사본
   ㉢ 국·공유지의 경우에는 용도폐지되었거나 사실상 공공용으로 사용되고 있지 아니함을 증명하는 서류의 사본
   ㉣ 토지 또는 건축물의 용도가 변경되었음을 증명하는 서류의 사본
③ 개발행위허가·농지전용허가·보전산지전용허가 등 지목변경과 관련된 규제를 받지 아니하는 토지의 지목변경이거나 전·답·과수원 상호간의 지목변경인 경우에는 서류의 첨부를 생략할 수 있다.

⚡기출

01 「도시개발법」에 따른 도시개발사업의 원활한 추진을 위하여 사업시행자가 공사 (　　) 전에 토지의 합병을 신청하는 경우에는 지목변경을 신청할 수 있다. 제22회

[1] 첨부서면에 해당하는 서류를 그 지적소관청이 관리하는 경우에는 지적소관청의 확인으로써 그 서류의 제출에 갈음할 수 있다.

기출정답

01 준공

(4) 특징

① 지목변경을 하기 위하여 지적측량을 실시할 필요가 없으나, 지목변경 신청 내용과 실제 토지이용현황의 사실부합 여부를 판단하기 위하여 **토지이동조사**를 실시한다.
② 일시적이고 임시적인 용도의 변경은 토지의 이동으로 볼 수 없기 때문에 지목변경이 불가능하다(영속성의 원칙).
③ 등록전환하여야 할 토지 중 목장용지, 과수원 등 일단의 면적이 크거나 토지대장등록지로부터 거리가 멀어서 등록전환하는 것이 부적당하다고 인정되는 경우에는 임야대장등록지에 지목변경을 할 수 있다.

6. 바다로 된 토지의 등록말소

(1) 의의

지적소관청은 지적공부에 등록된 토지가 지형의 변화 등으로 바다로 된 경우로서 원상으로 회복될 수 없거나 다른 지목의 토지로 될 가능성이 없는 경우에는 지적공부에 등록된 토지소유자에게 지적공부의 등록말소 신청을 하도록 통지하여야 한다.

(2) 대상토지

① 지적공부에 등록된 토지가 지형의 변화 등으로 바다로 된 경우
② 원상으로 회복할 수 없거나 다른 지목의 토지로 될 가능성이 없을 것

(3) 등록말소절차

① 지적소관청은 토지소유자가 통지를 받은 날부터 **90일 이내**에 등록말소 신청을 하지 아니하면 **직권**으로 그 지적공부의 등록사항을 말소해야 한다.
② 지적소관청이 지적공부의 등록사항을 말소한 때에는 그 정리결과를 **토지소유자 및 해당 공유수면의 관리청**에 통지해야 한다.

(4) 등록말소회복절차

① 지적소관청은 말소한 토지가 지형의 변화 등으로 다시 토지가 된 경우에는 토지로 회복등록을 할 수 있다.
② 지적공부의 등록사항을 말소회복등록한 때에는 그 정리결과를 토지소유자 및 해당 공유수면의 관리청에 통지해야 한다.

⚡ 기출

01 지적소관청은 토지소유자가 통지받은 날부터 ( ) 이내에 등록말소 신청을 하지 아니하는 경우에는 지적소관청이 직권으로 말소하여야 한다.
제30회

02 지적소관청이 직권으로 지적공부의 등록사항을 말소하거나 회복등록 하였을 때에는 그 정리결과를 ( )에 통지하여야 한다.
제30회

기출정답

01 90일
02 토지소유자 및 해당 공유수면의 관리청

03 축척변경 〔빈출〕

TIP
축척변경은 하나의 지역을 대상으로 하므로 1필지의 축척이 변경하는 경우는 포함하지 아니한다. 축척변경은 숫자가 중요한 사항이므로 숫자 위주로 정확하게 이해하여야 한다. 최근에는 축척변경 절차에서 예외조항이 출제되고 있다.

1. 의의

축척변경이란 지적도에 등록된 경계점의 정밀도를 높이기 위하여 작은 축척을 큰 축척으로 변경하여 등록하는 것을 말한다.

2. 축척변경 대상토지

(1) 잦은 토지의 이동으로 1필지의 규모가 작아서 소축척으로는 지적측량성과의 결정이나 토지의 이동에 따른 정리를 하기가 곤란한 경우(도면의 정밀성)

(2) 하나의 지번부여지역에 서로 다른 축척의 지적도가 있는 경우(도면의 통일성)

(3) 그 밖에 지적공부를 관리하기 위하여 필요하다고 인정되는 경우

3. 축척변경의 절차적 요건

(1) 축척변경의 사전적 절차

① 축척변경 시행지역 안의 토지소유자 3분의 2 이상의 동의를 얻을 것
② 축척변경위원회의 의결을 거칠 것
③ 시·도지사 또는 대도시 시장의 승인을 받을 것
  ㉠ 지적소관청은 축척변경을 하려는 때에는 축척변경사유를 기재한 승인신청서를 시·도지사 또는 대도시 시장에게 제출해야 한다.
  ㉡ 다음에 해당하는 경우에는 축척변경위원회의 의결 및 시·도지사 또는 대도시 시장의 승인 없이 축척변경을 할 수 있다.
    ⓐ 합병 대상토지가 축척이 다른 지적도에 각각 등록되어 있어 축척변경을 하는 경우
    ⓑ 도시개발사업 등의 시행지역에 있는 토지로서 그 사업 시행에서 제외된 토지의 축척변경을 하는 경우

⚡기출
01 지적소관청은 축척변경을 하려면 축척변경 시행지역의 토지소유자 (   ) 이상의 동의를 받아 (   )의 의결을 거친 후 시·도지사 또는 대도시 시장의 승인을 받아야 한다. 제28·33회

(2) 축척변경시행공고 등

① 지적소관청은 시·도지사 또는 대도시 시장으로부터 축척변경승인을 받은 때에는 지체 없이 20일 이상 공고해야 한다.
② 시행공고는 시·군·구(자치구가 아닌 구를 포함) 및 축척변경 시행지역 안의 동·리의 게시판에 주민이 볼 수 있도록 게시해야 한다.

기출정답
01 3분의 2, 축척변경위원회

(3) 소유자 등의 경계점표지의 설치

축척변경 시행지역 안의 토지소유자 또는 점유자는 시행공고가 있는 날부터 **30일 이내**에 시행공고일 현재 점유하고 있는 경계에 경계점표지를 설치해야 한다.

(4) 지적측량 및 토지표시사항의 결정

지적소관청이 축척변경을 위한 측량을 하려는 때에는 토지소유자가 설치한 경계점표지를 기준으로 새로운 축척에 따라 면적·경계 또는 좌표를 정해야 한다.

(5) 지번별 조서의 작성

지적소관청은 축척변경에 관한 측량을 완료한 때에는 시행공고일 현재의 지적공부상의 면적과 측량 후의 면적을 비교해서 그 변동사항을 표시한 지번별 조서를 작성해야 한다.

(6) 지적공부정리 등의 정지

지적소관청은 축척변경 시행기간 중에는 축척변경 시행지역 안의 지적공부정리와 경계복원측량(경계점표지의 설치를 위한 경계복원측량을 제외)을 축척변경 확정공고일까지 정지해야 한다. 다만, 축척변경위원회의 의결이 있는 때에는 그렇지 않다.

(7) 청산절차(면적증감의 처리)

① 청산금의 산정
   ㉠ 지적소관청은 축척변경에 관한 측량을 한 결과 측량 전에 비해 면적의 증감이 있는 경우에는 그 증감면적에 대해 청산을 해야 한다. 다만, 다음에 해당하는 경우에는 그렇지 않다.
      ⓐ 필지별 증감면적이 허용범위 이내인 경우(축척변경위원회의 의결이 있는 때 제외)
      ⓑ 소유자 전원이 청산하지 않기로 합의해서 이를 서면으로 제출한 경우
   ㉡ **지적소관청**은 시행공고일 현재를 기준으로 그 축척변경 시행지역 안의 토지에 대해 **지번별 m^2당 금액**을 미리 조사해서 **축척변경위원회에 제출**해야 한다.
   ㉢ 청산을 할 때에는 **축척변경위원회의 의결**을 거쳐 지번별로 m^2당 금액을 정해야 한다.

⚡기출

01 지적소관청은 축척변경에 관한 측량을 완료하였을 때에는 시행공고일 현재의 지적공부상의 면적과 측량 후의 면적을 비교하여 그 변동사항을 표시한 축척변경 (　　) 를 작성하여야 한다.
제33·36회

기출정답

01 지번별 조서

② **청산금의 공고 및 열람**: 지적소관청은 청산금을 산정한 때에는 청산금조서를 작성하고, 청산금이 결정되었다는 뜻을 **15일 이상** 공고해서 일반인이 열람하게 한다.

③ **청산금의 납부고지·수령통지**: 지적소관청은 청산금의 결정을 공고한 날부터 **20일 이내**에 토지소유자에게 청산금의 납부고지 또는 수령통지를 해야 한다.

④ **청산금에 관한 이의신청**
  ㉠ 납부고지 또는 수령통지된 청산금에 관해 이의가 있는 자는 납부고지 또는 수령통지를 받은 날부터 **1개월 이내**에 지적소관청에 이의신청을 할 수 있다.
  ㉡ 지적소관청은 이의신청이 있는 때에는 **1개월 이내**에 축척변경위원회의 심의·의결을 거쳐 그 인용 여부를 결정한 후 지체 없이 그 내용을 이의신청인에게 통지해야 한다.

⑤ **청산금의 납부·지급**: 납부고지를 받은 자는 고지를 받은 날부터 **6개월 이내**에 청산금을 지적소관청에 납부하고, 지적소관청은 수령통지를 한 날부터 **6개월 이내**에 청산금을 지급해야 한다.

⑥ **차액의 처리**: 청산금을 산정한 결과 차액이 생긴 경우 초과액은 그 지방자치단체의 수입으로, 부족액은 그 지방자치단체가 부담한다.

(8) 축척변경의 확정공고

① 청산금의 납부 및 지급이 완료된 때에는 지적소관청은 지체 없이 축척변경의 확정공고를 해야 한다. 확정공고를 한 때에는 지체 없이 확정된 사항을 지적공부에 등록해야 한다.

② 축척변경 시행지역 안의 토지는 **확정공고일**에 토지의 이동이 있는 것으로 본다.

(9) 지적공부에의 등록 및 등기의 촉탁

① **축척변경의 확정공고 사항**: 토지의 소재 및 지역명, 축척변경 지번별 조서, 청산금 조서, 지적도의 축척

② **지적공부의 등록기준**
  ㉠ **토지대장**: 확정공고된 축척변경 지번별조서
  ㉡ **지적도**: 확정측량 결과도 또는 경계점좌표

기출

01 수령통지된 청산금에 관하여 이의가 있는 자는 수령통지를 받은 날부터 ( ) 이내에 ( )에 이의신청을 할 수 있다.
제26·29·33회

02 청산금의 납부 및 지급이 완료되었을 때에는 지적소관청은 지체 없이 축척변경의 ( )를 하여야 한다.
제31·33·34·35·36회

기출정답
01 1개월, 지적소관청
02 확정공고

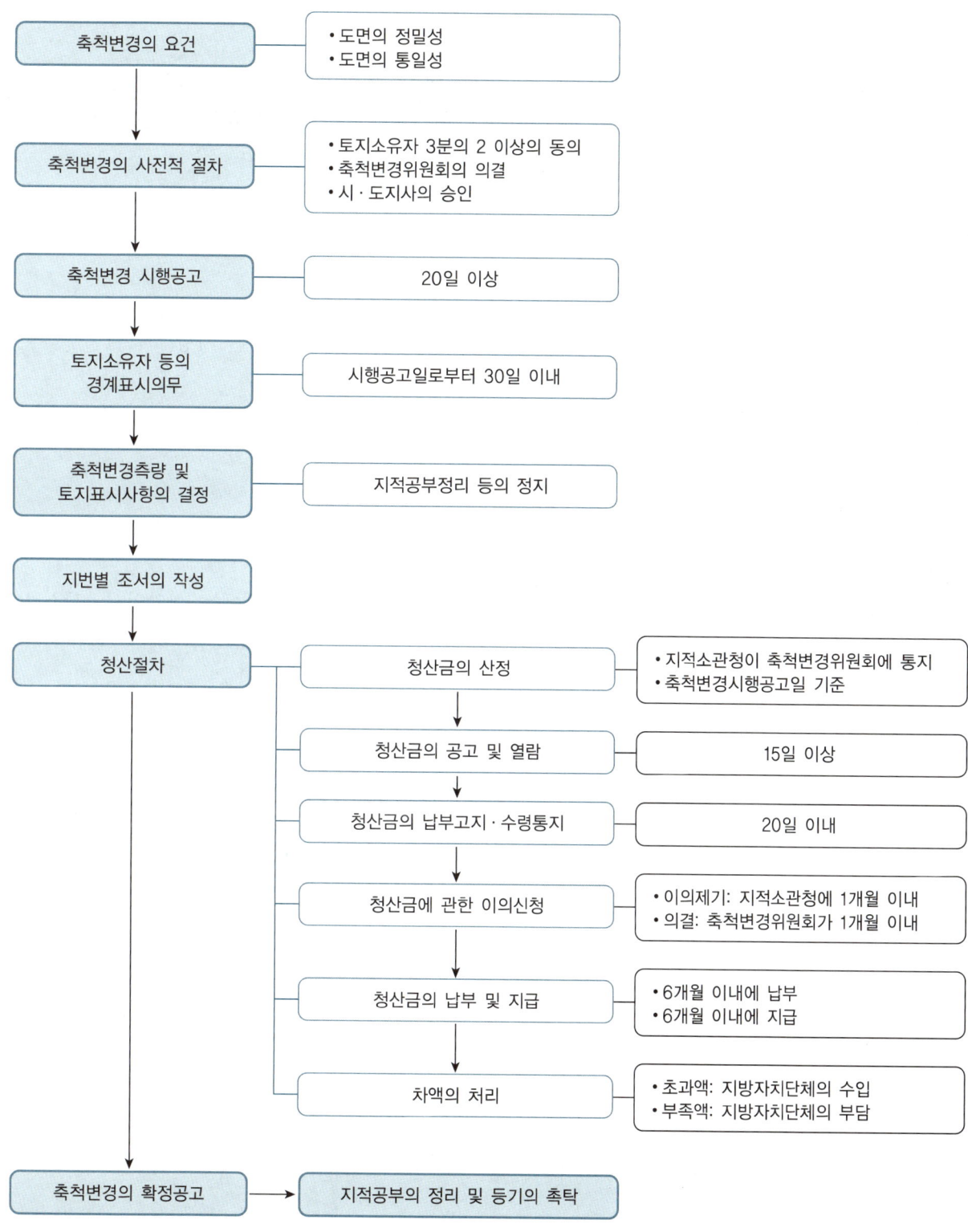

4. 축척변경위원회

(1) 축척변경위원회의 구성

① 축척변경위원회는 5명 이상 10명 이내의 위원으로 구성하되, 위원의 **2분의 1** 이상을 토지소유자로 해야 한다(토지소유자가 **5명 이하**인 때에는 **전원**을 위원으로 위촉).
② 위원장은 위원 중에서 **지적소관청이 지명**한다.

(2) 축척변경위원회의 기능

① 축척변경 시행계획에 관한 사항
② 지번별 m²당 금액의 결정과 청산금의 산정에 관한 사항
③ 청산금의 이의신청에 관한 사항
④ 그 밖에 축척변경에 관련해서 지적소관청이 회의에 부치는 사항

(3) 축척변경위원회의 회의

① 축척변경위원회의 회의는 위원장을 포함한 재적위원 과반수의 출석으로 개의하고 출석위원 과반수의 찬성으로 의결한다.
② 위원장은 축척변경위원회의 회의를 소집하는 때에는 회의일시·장소 및 심의안건을 회의 **5일** 전까지 각 위원에게 서면으로 통지해야 한다.

> ⚡ **기출**
> **01** 축척변경위원회는 5명 이상 10명 이내의 위원을 구성한다. 위원의 (   ) 이상을 토지소유자로 하여야 한다. 위원장은 위원 중에서 (   )이 지명한다.
> 제30·32회

04 토지이동의 신청권자

1. 신청권자

① 토지소유자(법인 아닌 사단이나 재단의 경우 그 대표자 또는 관리인)
② 다만, 신청이 없는 때에는 지적소관청이 직권으로 조사·측량하여 결정할 수 있다.

2. 신청의 대위

① **사업시행자의 대위신청**: 공공사업 등에 따라 학교용지·도로·철도용지·제방·하천·구거·유지·수도용지 등의 지목으로 되는 토지인 경우
② **행정기관 또는 지방자치단체장의 대위신청**: 국가나 지방자치단체가 취득하는 토지
③ **공동주택의 관리인 또는 사업시행자의 대위신청**: 「주택법」에 따른 공동주택의 부지
④ **채권자의 대위신청**: 「민법」 제404조에 따른 채권자[1]

> **[1]** 점유자(지상권자, 전세권자, 임차인, 대리경작자) 등은 토지이동의 대위신청이 허용되지 아니한다.
>
> **기출정답**
> 01 2분의 1, 지적소관청

3. 사업시행자의 토지이동의 신청특례

(1) 의의

도시개발사업·농어촌정비사업 그 밖에 관계 법령에 의한 토지개발사업 등으로 인하여 토지이동이 있는 때에는 그 **사업시행자가** 지적소관청에 토지이동을 신청하여야 한다.

(2) 대상토지

① 「도시개발법」에 의한 도시개발사업
② 「농어촌정비법」에 의한 농어촌정비사업
③ 「주택법」에 의한 주택건설사업
④ 그 밖에 위와 유사한 경우로서 국토교통부장관이 인정하는 토지개발사업

TIP
대규모 토지를 활용하는 토지개발사업으로 기억하면 된다(지적재조사사업은 제외).

(3) 신청자

① 토지개발사업 등의 사업시행자
② 「주택법」의 규정에 의한 주택건설사업의 시행자가 파산 등의 이유로 토지이동신청을 할 수 없는 때에는 그 주택의 시공을 보증한 자 또는 입주예정자 등이 신청할 수 있다.

(4) 사업의 신고

① 도시개발사업 등의 사업시행자는 그 사업의 착수·변경 또는 완료사실을 그 사유가 발생한 날부터 **15일 이내**에 지적소관청에 신고하여야 한다.
② 토지개발사업에 따라 사업의 착수 또는 변경의 신고가 된 토지의 소유자가 해당 토지의 이동을 원하는 경우에 해당 사업의 시행자에게 그 토지의 이동을 신청하도록 요청하여야 하며, 요청을 받은 시행자는 해당 사업에 지장이 없다고 판단되면 지적소관청에 신청하여야 한다.

(5) 토지이동시기

도시개발사업 등으로 인한 토지의 이동은 토지의 형질변경 등의 **공사가 준공**된 때 토지의 이동이 있는 것으로 보며, 지적공부의 정리는 그 이동사유가 완성되기 전에는 할 수 없다.

기출

01 「도시개발법」에 따른 도시개발사업의 시행자는 그 사업의 착수변경 또는 완료 사실의 신고를 그 사유가 발생한 날로부터 (   )에 하여야 한다.
제26·30·31회

02 도시개발사업 등으로 인한 토지의 이동은 토지의 형질변경 등의 공사가 (   )된 때 이루어진 것으로 본다. 제30회

기출정답
01 15일 이내   02 준공

05 지적공부의 정리 및 등기촉탁

1. 지적공부의 정리 빈출

(1) 지적공부정리의 의의

지적공부의 정리란 토지이동에 따른 토지표시사항의 변동 또는 토지소유자에 관한 사항의 변동 등 지적관리상 발생하는 일체의 사항을 지적공부와 일치하도록 지적공부에 등록하는 것을 말한다.

(2) 지적정리의 내용

① 토지이동에 따른 지적공부의 정리
  ㉠ 지적소관청은 지적공부가 다음에 해당하는 경우에는 지적공부를 정리해야 한다.
    ⓐ 지번을 변경하는 경우, 지적공부를 복구하는 경우
    ⓑ 신규등록·등록전환·분할·합병·지목변경 등 토지의 이동이 있는 경우
  ㉡ 지적소관청은 토지의 이동이 있는 경우에는 **토지이동정리 결의서**를 작성해야 한다.

② 토지소유자의 정리
  ㉠ **신규등록**하는 토지의 소유자는 **지적소관청**이 직접 조사하여 등록한다.
  ㉡ 기등록지의 소유자 정리
    ⓐ 관할 등기소의 소유권변경사실의 통지에 의한 정리
      • 등기기록과 대장의 토지표시가 일치하는 경우: 등기완료통지서에 의해서 정리
      • 등기기록과 대장의 토지표시가 불일치하는 경우: 지적소관청은 토지소유자를 정리할 수 없고 관할 등기관서에 **불부합통지**[1]
    ⓑ **지적소관청의 직권에 의한 정리**: 지적소관청은 필요하다고 인정하는 경우에 등기기록을 열람하여 지적공부와 등기기록이 일치하는지 여부를 조사·확인하여야 하며, 일치하지 아니하는 사항을 발견하면 등기사항증명서 등에 따라 지적공부를 직권으로 정리하거나, 토지소유자에게 필요한 신청 등을 하도록 요구할 수 있다.
    ⓒ **토지소유자의 신청에 의한 정리**: 토지소유자는 등기기록과 대장의 소유자표시가 일치하지 않는 경우에는 **등기필증, 등기완료통지서, 등기사항증명서, 등기전산정보자료**에 의하여 지적소관청에 신청하여 정리할 수 있다.

TIP
1. 제1편 중에서 가장 어려운 부분이며, 지적공부의 정리와 등록사항 정정의 구조를 파악하면 이해하는 데 많은 도움이 된다.
2. 지적공부의 정리와 등록사항의 정정은 지적공부와 현실이 불일치하는 공통점이 있다. 그러나 지적공부의 정리는 불일치의 이유가 후발적인 경우이고, 등록사항의 정정은 그 이유가 원시적인 경우이다.

기출

01 지적공부에 등록된 토지소유자의 변경사항은 등기관서에게 등기한 것을 증명하는 등기필증, 등기완료통지서, 등기사항증명서 또는 등기관서에서 제공한 등기전산정보자료에 따라 정리한다. 다만, ( )하는 토지의 소유자는 ( )이(가) 직접 조사하여 등록한다.
제29·33회

[1] 관할 등기소의 소유권변경사실의 통지를 받은 지적소관청이 등기기록과 대장의 토지표시를 비교한 후에 두 개의 장부가 불일치하는 경우에는 토지의 표시는 대장이 기준이므로 토지소유자를 정리할 수 없고 관할 등기관서에 불일치 사실을 통지하여야 한다(불부합통지).

기출정답
01 신규등록, 지적소관청

(3) 행정구역의 명칭변경 등

① 행정구역의 명칭이 변경되었으면 지적공부에 등록된 토지의 소재는 새로운 행정구역의 명칭으로 변경된 것으로 본다.
② 지번부여지역의 일부가 행정구역의 개편으로 다른 지번부여지역에 속하게 되었으면 지적소관청은 새로 속하게 된 지번부여지역의 지번을 부여하여야 한다.

(4) 지적공부의 정리방법 등

지적소관청은 토지의 이동이 있는 경우에는 **토지이동정리 결의서**를, 토지소유자의 변동 등에 따른 지적공부를 정리하는 경우에는 **소유자정리 결의서**를 각각 작성해야 한다.

(5) 정리시기

그 이동사유가 완성되기 이전에는 할 수 없으므로 **형질변경의 원인이 되는 공사 등이 준공된 때**에 그 사유가 완성된 것으로 본다.

2. 등록사항의 오류정정

(1) 의의

① 토지소유자는 지적공부의 등록사항에 잘못이 있음을 발견한 때에는 지적소관청에 그 정정을 신청할 수 있다.
② 지적소관청은 지적공부의 등록사항에 잘못이 있음을 발견한 때에는 직권으로 조사·측량하여 정정할 수 있다.

(2) 토지표시등록사항의 정정

① 지적소관청의 직권정정
　㉠ 지적소관청의 직권정정사유: **근거서류**
　　ⓐ 토지이동정리 결의서의 내용과 다르게 정리된 경우
　　ⓑ 도면에 등록된 필지가 면적의 증감 없이 경계의 위치만 잘못된 경우 (위치 정정)
　　ⓒ 1필지가 각각 다른 도면에 등록되어 있는 경우로서 지적공부에 등록된 면적과 측량한 실제면적은 일치하지만 도면에 등록된 경계가 서로 접합되지 않아 도면에 등록된 경계를 지상의 경계에 맞추어 정정하는 경우
　　ⓓ 지적공부의 작성 또는 재작성 당시 잘못 정리된 경우

TIP

1. 등록사항의 오류정정은 토지이동사유에 해당하지만 지적공부의 정리와 비교를 위하여 뒤에 배치하였다.
2. 직권에 의한 토지표시의 정정사유는 9가지 모두 지문 속에 정확한 근거서류가 있으므로 근거서류를 이해하여야 한다.

⚡기출

01 지적도 및 임야도에 등록된 필지가 면적의 증감 없이 (　　)만 잘못 등록된 경우 지적소관청이 직권으로 조사·측량하여 정정할 수 있다.
제30·35·36회

기출정답

01 경계의 위치

ⓔ 지적측량성과와 다르게 정리된 경우
ⓕ 지적위원회의 의결에 따라 지적공부의 등록사항을 정정해야 하는 경우
ⓖ 지적공부의 등록사항이 잘못 입력된 경우
ⓗ 합필등기의 제한 규정위반에 따른 등기관의 통지가 있는 경우(지적소관청의 착오로 잘못 합병한 경우만 해당)
ⓘ 구 「지적법」 개정법률 부칙 제3조에 따른 면적환산이 잘못된 경우
ⓛ 지적소관청은 위 ⓘ의 어느 하나에 해당하는 토지가 있는 때에는 지체 없이 관계서류에 따라 지적공부의 등록사항을 정정하여야 한다.
ⓒ 등록사항 정정 대상토지의 관리 등
ⓐ 지적소관청이 지적공부에 등록된 토지의 표시에 잘못이 있음을 발견한 때에는 지체 없이 등록사항 정정에 필요한 서류와 등록사항 정정 측량성과도를 작성하고, 토지이동정리 결의서를 작성한 후 대장의 사유란에 '등록사항 정정 대상토지'라고 적고, 토지소유자에게 등록사항 정정 신청을 하도록 그 사유를 통지하여야 한다.
ⓑ 등록사항 정정 대상토지에 대한 대장을 열람하게 하거나 등본을 발급하는 때에는 '등록사항 정정 대상토지'라고 적은 부분을 흑백의 반전(反轉)으로 표시하거나 붉은색으로 기재하여야 한다.

② 토지소유자의 신청에 의한 등록사항 정정
㉠ 인접 토지의 경계가 변경: 다음의 서류를 지적소관청에 제출
ⓐ 인접 토지소유자의 승낙서
ⓑ 인접 토지소유자가 승낙하지 아니하는 경우에는 확정판결서 정본
㉡ 경계 또는 면적의 변경: 다음의 서류를 지적소관청에 제출
ⓐ 경계 또는 면적의 변경을 가져오는 경우: 등록사항 정정 측량성과도
ⓑ 그 밖에 등록사항을 정정하는 경우: 변경사항을 확인할 수 있는 서류

(3) 토지소유자에 관한 사항인 경우

① **기등기지**: 지적소관청이 소유자의 신청 또는 직권에 의하여 등록사항을 정정할 때 그 정정사항이 토지소유자에 관한 사항인 경우에는 등기필증, 등기완료통지서, 등기사항증명서 또는 등기관서에서 제공한 등기전산정보자료에 따라 정정하여야 한다.

② **미등기지**: 토지소유자의 신청에 따라 토지소유자의 성명 또는 명칭, 주민등록번호, 주소 등에 관한 사항의 정정을 신청한 경우로서 그 등록사항이 명백히 잘못된 경우에는 가족관계 기록사항에 관한 증명서에 따라 정정하여야 한다.

⚡기출

01 등록사항 정정 대상토지에 대한 대장을 열람하게 하거나 등본을 발급하는 때에는 ( )라고 적은 부분을 흑백의 반전으로 표시하거나 붉은색으로 적어야 한다. 제27 · 30회

02 지적공부에 등록된 ( )의 변경사항은 등기관서에서 등기한 것을 증명하는 등기필증, 등기완료통지서, 등기사항증명서 또는 등기관서에서 제공한 등기전산정보자료에 따라 정리한다. 제25 · 29회

기출정답
01 등록사항 정정 대상토지
02 토지소유자

3. 등기촉탁

(1) 의의

지적소관청은 토지이동에 따른 사유로 토지의 표시 변경에 관한 등기를 할 필요가 있는 경우에는 지체 없이 관할 등기관서에 그 등기를 촉탁하여야 한다. 이 경우 등기촉탁은 국가가 국가를 위하여 하는 등기로 본다.

(2) 등기촉탁의 대상

① 토지소유자의 신청을 받아 토지의 이동을 결정한 때(**신규등록은 제외**)
② 지번을 변경할 필요가 있어 지번부여지역의 전부, 일부에 지번을 새로 부여한 때
③ 바다로 된 토지의 등록말소 신청
④ 축척변경을 한 경우
⑤ 지적소관청이 등록사항을 직권으로 조사·측량하여 정정한 때
⑥ 행정구역의 개편으로 지번을 새로이 부여한 때

⚡ 기출

01 토지이동의 사유에서 (　　)은 등기촉탁의 대상이 아니다. 제28·35회

02 지적소관청은 지적공부의 전부 또는 일부가 멸실되거나 훼손되어 이를 복구 등록한 경우 해당 (　　)에게 통지하여야 한다. 제22·25회

(3) 등기촉탁의 절차

① 지적소관청은 등기관서에 토지표시의 변경에 관한 등기를 촉탁하고자 하는 때에는 토지표시변경등기 촉탁서에 그 취지를 기재하여야 한다.
② 토지표시의 변경에 관한 등기를 촉탁한 때에는 토지표시변경등기 촉탁대장에 그 내용을 기재하여야 한다.

4. 지적정리의 통지

(1) 의의

지적소관청이 지적공부에 등록하거나 지적공부를 복구 또는 말소하거나 등기촉탁을 하였으면 해당 토지소유자에게 통지하여야 한다. 다만, 통지받을 자의 주소나 거소를 알 수 없는 경우에는 일간신문, 해당 시·군·구의 공보 또는 인터넷홈페이지에 공고하여야 한다.

기출정답

01 신규등록
02 토지소유자

TIP
소유자의 신청에 의하여 지적공부를 정리하는 경우는 이미 소유자가 그 사유를 알고 있으므로 통지대상이 아니다. 지적소관청이 직권으로 정리한 경우에 토지소유자에게 지적정리의 통지를 하여야 한다.

(2) 통지사유

① 토지이동에 대한 토지소유자의 신청 없이 **지적소관청이 직권**으로 토지이동을 조사·측량하여 지번, 지목, 면적, 경계 또는 좌표 등을 결정·등록한 때
② 지적소관청이 지번변경을 한 때
③ 지적소관청이 지적공부를 복구한 때
④ 지적소관청이 직권으로 바다로 된 토지의 등록을 말소한 때
⑤ 지적소관청이 직권으로 지적공부의 등록사항을 정정한 때
⑥ 지번부여지역의 일부가 행정구역 개편으로 다른 지번부여지역에 속하게 되어 지적소관청이 지번을 새로이 부여한 때
⑦ 지적소관청이 도시개발사업 등 시행지역의 지적공부를 정리한 때
⑧ 대위신청자가 신청하여 지적소관청이 지적공부를 정리한 때
⑨ 지적소관청이 토지표시의 변경에 관하여 관할 등기소에 등기를 촉탁한 때

기출
01 지적소관청은 토지이동에 따른 토지의 표시에 관한 변경등기가 필요한 경우 그 등기완료의 통지서를 접수한 날부터 (   ) 이내에 토지소유자에게 지적정리 등을 통지하여야 한다.   제25·34회

(3) 통지의 시기(지적소관청이 토지소유자에게 지적정리 등을 통지해야 하는 시기)

① 토지표시의 변경등기가 필요한 경우: **등기완료통지서를 접수한 날부터 15일 이내**
② 토지표시의 변경등기가 필요하지 않은 경우: **지적공부에 등록한 날부터 7일 이내**

5. 지적공부정리신청 수수료

(1) 지적소관청이 직권으로 조사·측량하여 지적공부를 정리한 경우에는 그 조사·측량에 들어간 비용을 토지소유자로부터 징수한다. 다만, 바다로 된 토지의 등록말소에 따라 지적공부를 등록말소한 경우에는 그러하지 아니하다.

(2) 지적공부정리신청 수수료는 지적공부를 정리한 날부터 30일 이내에 납부하여야 한다.

기출정답
01 15일

제5장 지적측량

01 서설

1. 지적측량의 의의

(1) 의의

지적측량이란 토지를 지적공부에 등록하거나 지적공부에 등록된 경계점을 지상에 복원하기 위하여 필지의 경계 또는 좌표와 면적을 정하는 측량을 말한다. 즉 지적측량은 지적공부에 등록할 토지의 경계나 좌표 또는 면적을 정하기 위한 측량이며, 토지에 관한 소유권이 미치는 범위와 한계를 나타내기 위한 측량으로 법률이 정하는 절차와 방법 등에 의하여 행해지는 측량을 가리킨다.

(2) 지적측량의 성질

① **기속측량**: 지적측량은 법률이 정한 절차와 방법에 따라서 행하여야 한다.
② **사법측량**: 지적측량은 토지에 대한 물권이 미치는 범위를 결정하기 위한 측량이다.
③ **평면측량**: 지적측량은 경계와 면적을 평면적으로 측정하는 측량이다.
④ **측량성과의 영구성**: 지적측량의 성과는 영구히 보존한다.
⑤ **검사측량**: 지적측량수행자가 실시한 측량성과에 대하여 지적소관청이 정확성 여부를 심사한다.

2. 지적측량의 대상

① 지적기준점을 정하는 경우(**기초측량**)
② 지적측량성과를 검사하는 경우
③ 지적공부를 복구하는 경우
④ 토지를 신규등록하는 경우
⑤ 토지를 등록전환하는 경우
⑥ 토지를 분할하는 경우
⑦ 바다가 된 토지의 등록을 말소하는 경우
⑧ 축척을 변경하는 경우
⑨ 지적공부의 등록사항을 정정하는 경우
⑩ 지적재조사측량

⑪ 도시개발사업 등의 시행지역에서 토지의 이동이 있는 경우(**지적확정측량**)
⑫ 경계점을 지상에 복원하는 경우(**경계복원측량**)
⑬ 지상건축물 등의 현황을 지적도 및 임야도에 등록된 경계와 대비하여 표시하는 데에 필요한 경우(**지적현황측량**)

> **암기 PLUS | 지적측량하지 않는 경우**
> - 토지합병
> - 지번변경
> - 지목변경
> - 위치정정

⚡ 기출

01 지상건축물 등의 현황을 지적도 및 임야도에 등록된 경계와 대비하여 표시하기 위해 측량을 할 필요가 있는 경우에는 (　　)을 실시한다.
　　　　제26 · 32 · 33회

02 지적기준점측량의 절차는 계획의 수립, 준비 및 현지답사, (　　), 관측 및 계산과 성과표의 작성 순서에 따른다.
　　　　제23회

3. 지적측량의 방법

평판측량방법, 전자평판측량방법, 경위의측량방법, 전파기 또는 광파기측량방법, 사진측량방법, 위성측량방법

4. 기초측량의 순서

계획의 수립 ⇨ 준비 및 현지답사 ⇨ 선점 및 조표 ⇨ 관측 및 계산과 성과표의 작성

02 지적측량의 절차 〔빈출〕

1. 지적측량의 의뢰

(1) 지적측량 신청권자

① 토지소유자 또는 이해관계인이 지적측량수행자에게 지적측량을 의뢰하는 경우 또는 지적소관청이 직권으로 행한다.
② 토지이동신청의 특례규정에 의한 사업시행자, 대위신청권자 등도 의뢰할 수 있다.

(2) 지적측량의 의뢰

① 토지소유자 등 이해관계인은 지적측량을 할 필요가 있는 경우에는 다음의 어느 하나에 해당하는 자(이하 '지적측량수행자'라 한다)에게 지적측량을 의뢰하여야 한다. 단, **검사측량, 지적재조사측량은 제외**한다.
　㉠ 지적측량업의 등록을 한 자(지적측량업자)
　㉡ 한국국토정보공사

TIP
검사측량과 지적재조사측량은 지적소관청이 실시하도록 하고 있으므로 지적측량수행자에게 지적측량의뢰를 할 수 없다.

기출정답
01 지적현황측량
02 선점 및 조표

② 지적측량을 의뢰하고자 하는 자는 지적측량의뢰서에 의뢰사유를 증명하는 서류를 첨부하여 지적측량수행자에게 제출하여야 한다.
③ 지적측량수행자는 지적측량 의뢰를 받은 때에는 측량기간·측량일자 및 측량수수료 등을 기재한 지적측량수행계획서를 그 다음 날까지 지적소관청에 제출하여야 한다.

(3) 지적측량기간 및 측량검사기간

① 신청에 의한 경우

구분	측량기간	검사기간
동지역(읍·면지역 포함)	5일	4일

② 지적측량기준점 설치의 경우(측량 또는 검사기간)

구분	지적측량기준점수	
	15점 이하	15점 초과
측량기간	4일	4일 + 초과하는 4점마다 1일을 가산
검사기간		

③ 협의 또는 계약에 의한 경우

구분	협의 또는 계약에 의한 경우
측량기간	협의 또는 계약기간의 4분의 3
검사기간	협의 또는 계약기간의 4분의 1

(4) 지적측량수수료

① 지적측량을 의뢰하는 자는 지적측량수행자에게 지적측량수수료를 내야 한다.
② 토지소유자가 신청하여야 하는 사항으로서 신청이 없어 지적소관청이 직권으로 조사·측량하여 지적공부를 정리한 때에는 이에 소요되는 비용(지적측량수수료)을 소유자에게 징수한다. 다만, 바다로 된 토지의 등록을 말소하는 경우에는 그러하지 아니하다.

2. 측량성과의 결정 및 검사

(1) 측량성과의 결정

① 지적측량수행자는 지적측량 의뢰를 받으면 지적측량을 하여 그 측량성과를 결정하여야 한다.
② 지적측량의 성과는 측량부·측량결과도·면적측정부에 등록하여야 한다.

기출

01 지적측량수행자는 지적측량 의뢰를 받은 때에는 측량기간, 측량일자 및 측량수수료 등을 적은 지적측량수행계획서를 그 다음날까지 ( )에 제출하여야 한다. 제25·33·34회

02 지적측량의 측량기간은 5일로 하며, 측량검사기간은 4일로 한다. 다만, 지적기준점을 설치하여 측량 또는 측량검사를 하는 경우 지적기준점이 15점 이하인 경우에는 ( )을, 15점을 초과하는 경우에는 4일에 15점을 초과하는 4점마다 ( )을 가산한다. 제25·29·34회

03 지적측량 의뢰인과 지적측량수행자가 서로 합의하여 따로 기간을 정하는 경우에는 그 기간에 따르되, 전체 기간의 ( )은 측량기간으로, 전체 기간의 ( )은 측량검사기간으로 본다. 제26·28·33회

기출정답
01 지적소관청
02 4일, 1일
03 4분의 3, 4분의 1

(2) 지적측량성과의 검사

① 지적측량수행자가 지적측량을 하였으면 시·도지사, 대도시 시장(「지방자치법」 제175조에 따라 서울특별시·광역시 및 특별자치시를 제외한 인구 50만명 이상의 시의 시장을 말한다) 또는 지적소관청으로부터 측량성과에 대한 검사를 받아야 한다.

② **지적측량성과검사의 방법과 절차**
   ㉠ 지적측량수행자는 측량부·측량결과도·면적측정부, 측량성과파일 등 측량성과에 관한 자료를 **지적소관청**에 제출하여 그 성과의 정확성에 관한 검사를 받아야 한다.
   ㉡ 지적삼각점측량성과 및 경위의측량방법으로 실시한 지적확정측량성과인 경우에는 다음의 구분에 따라 검사를 받아야 한다.
      ⓐ **국토교통부장관이 정하여 고시하는 면적 규모 이상의 지적확정측량성과**: 시·도지사 또는 대도시 시장(「지방자치법」에 따라 서울특별시·광역시 및 특별자치시를 제외한 인구 50만명 이상 대도시의 시장을 말한다)
      ⓑ **국토교통부장관이 정하여 고시하는 면적 규모 미만의 지적확정측량성과**: 지적소관청
   ㉢ 지적공부를 정리하지 아니하는 측량으로서 **경계복원측량** 및 **지적현황측량**을 하는 경우는 검사측량을 요하지 아니한다.

(3) 지적측량성과도의 교부

① 지적소관청은 측량성과가 정확하다고 인정하는 때에는 지적측량성과도를 **지적측량수행자**에게 교부하여야 하며, 지적측량수행자는 측량의뢰인에게 그 측량성과도를 지체 없이 교부하여야 한다.
② 이 경우 검사를 받지 아니한 지적측량성과도는 측량의뢰인에게 교부할 수 없다.
③ 시·도지사로부터 지적측량성과 검사결과에 대한 측량성과가 정확하다고 통지를 받은 지적소관청은 지적측량수행자에게 지적측량성과도를 교부하여야 한다.

⚡ **기출**
01 지적공부를 정리하지 아니하는 측량으로서 (   ) 및 (   )은 검사측량을 요하지 아니한다. 제23회

기출정답
01 경계복원측량, 지적현황측량

03 지적기준점표지 및 성과

1. 지적기준점표지의 종류·관리

(1) 지적기준점표지의 종류

> **★ 개념 PLUS | 지적기준점**
>
> 1. **지적삼각점**
>   국가기준점을 기초로 하여 정한 지적측량기준점
> 2. **지적삼각보조점**
>   지적삼각점의 보조를 위해 국가기준점과 지적삼각점을 기초로 하여 정한 지적측량의 기준점
> 3. **지적도근점**
>   세부측량을 위해 국가기준점, 지적삼각점, 지적삼각보조점 및 지적도근점을 기초로 하여 정한 지적측량의 기준점

(2) 지적기준점표지의 관리

① 지적소관청은 연 1회 이상 지적기준점표지의 이상 유무를 조사하여야 한다. 이 경우 멸실되거나 훼손된 지적기준점표지를 계속 보존할 필요가 없을 때에는 폐기할 수 있다.

② 지적소관청이 관리하는 지적기준점표지가 멸실되거나 훼손되었을 때에는 지적소관청은 다시 설치하거나 보수하여야 한다.

2. 지적기준점성과의 관리 등

구분	성과의 관리	성과의 열람신청
지적삼각점	시·도지사	시·도지사, 지적소관청
지적삼각보조점	지적소관청	지적소관청
지적도근점	지적소관청	지적소관청

+ 지적소관청이 지적삼각점을 설치하거나 변경하였을 때에는 그 측량성과를 시·도지사에게 통보할 것

+ 지적소관청은 지형·지물 등의 변동으로 인하여 지적삼각점성과가 다르게 된 때에는 지체 없이 그 측량성과를 수정하고 그 내용을 시·도지사에게 통보할 것

⚡ 기출

01 지적기준점성과의 등본이나 그 측량기록의 사본을 발급받으려는 자는 (　　)에 그 발급을 신청하여야 한다. 제33·34회

기출정답

01 시·도지사나 지적소관청

04 지적측량을 위한 필요조치

1. 타인 토지의 출입 등

타인 토지 등의 출입조건	① 관할 특별자치도지사, 시장·군수 또는 구청장의 허가 ② 출입하려는 날의 3일 전까지 해당 토지소유자 등에게 그 일시와 장소를 통지
타인 토지 등의 일시사용, 물건의 변경·제거	① 소유자·점유자 또는 관리인의 동의 ② 위 ①의 동의를 받을 수 없는 경우 행정청인 자는 관할 시장·군수 또는 구청장에게 그 사실을 통지, 행정청이 아닌 자는 미리 관할 시장·군수 또는 구청장의 허가 필요

2. 손실보상

손실보상의 대상	① 타인의 토지 등에 지적기준점표지를 설치한 경우 ② 타인의 토지 등에 출입, 일시사용, 물건을 변경·제거한 경우
손실보상의 주체	지적소관청 또는 지적측량수행자가 손실을 보상
보상액의 결정·이의신청	① 손실을 보상할 자는 손실을 입은 자와 협의하여 보상액을 결정 ② 협의가 성립되지 아니하거나 협의를 할 수 없는 때에는 관할 토지수용위원회에 재결(裁決)을 신청 ③ 재결에 불복이 있는 자는 재결서 정본의 송달을 받은 날부터 30일 이내에 중앙토지수용위원회에 이의를 신청

05 지적측량수행자

1. 지적측량업자

(1) 의의

지적측량업자란 지적측량업의 등록을 하고 지적측량업을 영위하는 자를 말한다.

(2) 지적측량업의 등록

지적측량업을 하려는 자는 등록기준을 갖추어 시·도지사에게 등록하여야 한다. 다만, 한국국토정보공사는 측량업의 등록을 하지 아니하고 지적측량업을 할 수 있다.

(3) 지적측량업자의 업무범위

① 경계점좌표등록부가 있는 지역에서의 지적측량
② 「지적재조사에 관한 특별법」에 따른 지적재조사지구에서 실시하는 지적재조사측량
③ 도시개발사업 등이 끝남에 따라 하는 지적확정측량

> **개념 PLUS | 지적전산자료를 활용한 정보화사업**
> 1. 지적(임야)도 작성, 연속지적도 작성, 도시개발사업 등의 계획을 위한 지적도 작성 등의 도면작성 업무
> 2. 지적(임야)대장의 전산화 업무

2. 한국국토정보공사[1]

3. 지적측량수행자의 의무 등

성실의무 등	① 지적측량수행자(소속 지적기술자를 포함)는 신의와 성실로써 공정하게 지적측량을 하여야 하며, 정당한 사유 없이 지적측량의뢰를 거부하여서는 아니 된다. ② 지적측량수행자는 본인·배우자 또는 직계 존·비속의 소유토지에 대하여는 지적측량을 하여서는 아니 된다. ③ 지적측량수행자는 지적측량수수료 외에는 어떠한 명목으로도 그 업무와 관련된 대가를 받아서는 아니 된다.
손해배상책임	① **손해배상책임의 보장**: 지적측량수행자가 타인의 의뢰에 의하여 지적측량을 함에 있어서 고의 또는 과실로 지적측량을 부실하게 함으로써 지적측량의뢰인이나 제3자에게 재산상의 손해를 발생하게 한 때에는 지적측량수행자는 그 손해를 배상할 책임이 있다. ② **보험금의 지급**: 지적측량의뢰인은 손해배상으로 보험금을 지급받고자 하는 경우에는 그 지적측량의뢰인과 지적측량수행자간의 손해배상합의서, 화해조서, 확정된 법원의 판결문 사본 또는 이에 준하는 효력이 있는 서류를 첨부해서 보험회사에 손해배상금의 지급을 청구해야 한다.

[1] 2016년 개정시 근거법률이 삭제되었다.

06 지적위원회 및 지적측량 적부심사

1. 지적위원회

(1) 지적위원회의 종류 및 기능

① **중앙지적위원회**: 다음의 사항을 심의·의결하기 위하여 **국토교통부**에 중앙지적위원회를 둔다.
  ⊙ 지적 관련 정책 개발 및 업무 개선 등에 관한 사항
  ⓒ 지적측량기술의 연구·개발 및 보급에 관한 사항
  ⓒ 지적측량 적부심사(適否審査)에 대한 재심사(再審査)
  ② 지적분야 측량기술자(이하 '지적기술자'라 한다)의 양성에 관한 사항
  ⓜ 지적기술자의 업무정지 처분 및 징계요구에 관한 사항

② **지방지적위원회**: 지적측량에 대한 적부심사청구사항을 심의·의결하기 위해 특별시·광역시·도 또는 제주특별자치도(**시·도**)에 지방지적위원회를 둔다.

(2) 지적위원회의 구성

① **중앙지적위원회**
  ⊙ 중앙지적위원회는 위원장 및 부위원장 각 1명을 포함하여 5명 이상 10명 이하의 위원으로 구성한다.
  ⓒ 위원장은 국토교통부의 지적업무담당국장, 부위원장은 지적업무담당과장이 된다.
  ⓒ **위원**은 지적에 관한 학식과 경험이 풍부한 자 중에서 국토교통부장관이 임명하거나 위촉한다.
  ② 위원장 및 부위원장을 제외한 위원의 임기는 2년으로 한다.
  ⓜ **중앙지적위원회의 간사**는 국토교통부의 지적업무 담당 공무원 중에서 국토교통부장관이 임명하며, 회의 준비, 회의록 작성 및 회의 결과에 따른 업무 등 중앙지적위원회의 서무를 담당한다.

② **지방지적위원회**: 지방지적위원회의 구성은 중앙지적위원회의 구성에 준한다. 이 경우 '국토교통부'는 '시·도'로, '국토교통부장관'은 '특별시장·광역시장·도지사 또는 특별자치도지사(이하 '시·도지사'라 한다)'로 본다.

(3) 지적위원회의 회의 등

① 회의의 소집
  ⊙ 중앙지적위원회 위원장은 회의를 소집하고 그 의장이 된다.
  ⓒ 위원장이 위원회의 회의를 소집할 때에는 회의일시·장소 및 심의안건을 회의 **5일** 전까지 각 위원에게 서면으로 통지하여야 한다.

② 회의의 의결
　㉠ 회의는 위원장 및 부위원장을 포함한 재적위원 과반수의 출석으로 개의(開議)하고 출석위원 과반수의 찬성으로 의결한다.
　㉡ 위원회는 관계인을 출석하게 하여 의견을 들을 수 있으며, 필요한 경우 현지조사를 할 수 있다.

2. 지적측량 적부심사(適否審査) 빈출

(1) 의의

토지소유자, 이해관계인, 지적측량수행자는 지적측량성과에 대하여 다툼이 있는 경우 관할 시·도지사를 거쳐 **지방지적위원회**에 지적측량 적부심사를 청구할 수 있다.

(2) 지적측량 적부심사 청구절차

① **지적측량 적부심사 청구서의 제출**: 지적측량 적부심사를 청구하려는 자는 심사청구서에 다음의 서류를 첨부하여 특별시장·광역시장·특별자치시장·도지사 또는 특별자치도지사를 거쳐 지방지적위원회에 제출하여야 한다.
　㉠ **토지소유자 또는 이해관계인**: 지적측량을 의뢰하여 발급받은 지적측량성과
　㉡ **지적측량수행자(지적측량수행자 소속 지적기술자가 청구하는 경우만 해당)**: 직접 실시한 지적측량성과
② **지방지적위원회에 회부**: 지적측량 적부심사 청구를 받은 시·도지사는 **30일 이내**에 조사하여 지방지적위원회에 회부하여야 한다.
③ **심의·의결**: 지적측량 적부심사 청구를 회부받은 지방지적위원회는 그 심사청구를 회부받은 날부터 **60일 이내**에 심의·의결하여야 한다. 다만, 부득이한 경우에는 그 심의기간을 해당 지적위원회의 의결을 거쳐 30일 이내에서 한 번만 연장할 수 있다.
④ **의결서의 송부**: 지방지적위원회는 지적측량 적부심사를 의결하였으면 의결서를 작성하여 시·도지사에게 송부하여야 한다.
⑤ **의결서의 통지**: 시·도지사는 의결서를 받은 날부터 **7일 이내**에 지적측량 적부심사 청구인 및 이해관계인에게 그 의결서를 통지하여야 한다.
⑥ **지적공부의 정리**
　㉠ 시·도지사는 지방지적위원회의 의결서를 받은 후 해당 지적측량적부심사 청구인 및 이해관계인이 그 기간에 재심사를 청구하지 아니하면 그 의결서 사본을 지적소관청에 보내야 한다.
　㉡ 지방지적위원회의 의결서 사본을 받은 지적소관청은 그 내용에 따라 지적공부의 등록사항을 정정하거나 측량성과를 수정하여야 한다.

⚡기출

01 위원장이 중앙지적위원회의 회의를 소집할 때에는 회의 일시·장소 및 심의 안건을 회의 (　) 전까지 각 위원에게 서면으로 통지하여야 한다.
제27·34·36회

02 토지소유자, 이해관계인 또는 지적측량수행자는 지적측량성과에 대하여 다툼이 있는 경우에는 관할 시·도지사를 거쳐 (　)에 지적측량적부심사를 청구할 수 있다.
제26·29·36회

03 시·도지사는 지방지적위원회의 의결서를 받은 날부터 (　) 이내에 지적측량 적부심사 청구인 및 이해관계인에게 그 의결서를 통지하여야 한다.
제29·32·36회

기출정답
01 5일
02 지방지적위원회
03 7일

(3) 지적측량 적부심사에 관한 재심사청구 등

① **적부재심사의 청구**: 지적측량 적부심사 의결서를 받은 자가 지방지적위원회의 의결에 불복하는 경우에는 그 의결서를 받은 날부터 **90일 이내**에 **국토교통부장관**을 거쳐 **중앙지적위원회**에 재심사를 청구할 수 있다.

② **적부재심사청구서의 제출**: 지적측량 적부심사의 재심사청구를 하려는 자는 재심사청구서에 지방지적위원회의 지적측량적부심사의결서 사본을 첨부하여 국토교통부장관을 거쳐 중앙지적위원회에 제출하여야 한다.

③ **중앙지적위원회의 심의·의결**: 지적측량 적부재심사청구를 회부받은 중앙지적위원회는 그 심사청구를 회부받은 날부터 60일 이내에 심의·의결하여야 한다. 다만, 부득이한 경우에 해당 지적위원회의 의결을 거쳐 30일 이내에서 한 번만 연장할 수 있다.

④ **의결서의 송부**: 중앙지적위원회가 재심사를 의결한 때에는 위원장과 참석위원 전원이 서명·날인한 의결서를 지체 없이 국토교통부장관에게 송부해야 한다.

⑤ 의결서를 송부받은 국토교통부장관은 그 사본을 작성하여 시·도지사에게 송부하여야 한다.

⑥ 시·도지사가 중앙지적위원회의 의결서를 받은 경우에는 그 의결서 사본에 지방지적위원회의 의결서 사본을 첨부하여 지적소관청에 보내야 한다.

⑦ **지적공부의 정리**: 중앙지적위원회의 의결서 사본을 받은 지적소관청은 그 내용에 따라 지적공부의 등록사항을 정정하거나 측량성과를 수정하여야 한다.

> **기출**
> 01 의결서를 받은 자가 지방지적위원회의 의결에 불복하는 경우에는 그 의결서를 받은 날부터 90일 이내에 (   )을 거쳐 중앙지적위원회에 재심사를 청구할 수 있다. 제32회

★ 암기 PLUS | 지적측량 적부심사의 절차

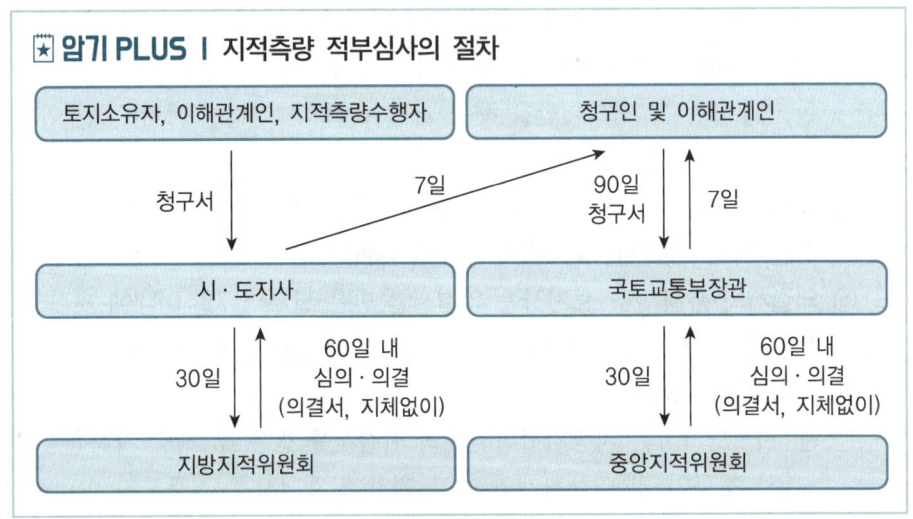

기출정답
01 국토교통부장관

해커스 공인중개사
핵심요약집
land.Hackers.com

제2편

부동산등기법

제1장 총칙
제2장 등기기관과 설비
제3장 등기절차 총론
제4장 표시에 관한 등기
제5장 권리에 관한 등기

제1장 총칙

기본서 p.132~162

01 부동산등기의 의의와 특징

1. 부동산등기의 의의

(1) 부동산등기

① 부동산등기란 국가기관으로서의 등기관이 법정절차에 따라서 부동산등기기록이라는 공적장부에 부동산의 현황 표시와 권리의 변동관계를 기록하는 것 또는 그러한 기록 자체를 말한다.

② 전산정보처리조직에 의하여 처리하는 경우에 보조기억장치(예 자기디스크, 자기테이프, 기타 이와 유사한 전자적 정보저장매체)에 기록하는 것 또는 기록 자체를 의미한다.

> 「부동산등기법」**1** 제2조【정의】이 법에서 사용하는 용어의 뜻은 다음과 같다.
> 1. '등기부'란 전산정보처리조직에 의하여 입력·처리된 등기정보자료를 대법원규칙으로 정하는 바에 따라 편성한 것을 말한다.
> 2. '등기부부본자료'란 등기부와 동일한 내용으로 보조기억장치에 기록된 자료를 말한다.
> 3. '등기기록'이란 1필의 토지 또는 1개의 건물에 관한 등기정보자료를 말한다.
> 4. '등기필정보'란 등기부에 새로운 권리자가 기록되는 경우에 그 권리자를 확인하기 위하여 등기관이 작성한 정보를 말한다.

1 「부동산등기법」 이하 제2편에서 '법'이라 한다.

(2) 등기의 접수시기와 효력발생시기(법 제6조)

① **등기의 접수시기**: 등기신청은 등기신청정보가 전산정보처리조직에 **저장된 때** 접수된 것으로 본다.

② **등기의 효력발생시기**: 등기관이 등기를 마친 경우 그 등기는 **접수한 때**부터 효력을 발생한다.

⚡ **기출**

01 등기관이 등기를 마친 경우, 그 등기는 ( )로부터 효력이 생긴다.
제25·26·27·32회

기출정답
01 접수한 때

2. 현행등기제도의 특징

① **물적편성주의**: 1부동산 1등기기록주의
② **등기신청방법**: 원칙은 공동신청주의, 예외로 단독신청주의
③ **등기심사방법**: 형식적 심사주의(실질적 심사주의는 삭제)
④ **물권변동에 따른 입법례**: 성립요건주의
⑤ 등기의 공신력의 불인정
⑥ 국가배상책임주의
⑦ 등기부와 대장의 이원화
⑧ 토지등기기록과 건물등기기록의 이원화
⑨ 등기원인정보의 사서증서성

02 등기의 종류

1. 대상에 의한 분류

(1) 표시의 등기(표제부등기, 사실의 등기)

(2) 권리의 등기(갑구 · 을구의 등기)
  ✚ 현행법은 구분건물의 표시도 등기할 사항임을 명문으로 인정하고 있으며 예외적으로 표시의 등기를 독립적으로 인정하는 경우도 있다(규약상 공용부분, 1동 건물의 표제부).

2. 내용에 따른 분류[1]

[1] 예고등기, 멸실회복등기는 삭제되었다.

구분	내용
기입등기	새로운 등기원인에 기하여 어떤 사항을 등기기록에 새로이 기입하는 등기 ㈎ 소유권보존등기, 소유권이전등기, 저당권설정등기 등
변경등기	등기가 완료된 후에 등기된 사항의 일부에 변경이 생겨서 후발적으로 등기와 실체관계의 사이에 불일치가 생긴 경우에 이를 변경하는 등기 ㈎ 등기명의인 표시변경등기, 토지(건물) 표시변경등기, 권리변경등기
경정등기	등기가 완료된 후에 등기사항에 착오 또는 빠뜨림이 있어 등기사항의 일부가 실체관계와 원시적으로 불일치한 경우에 이를 시정하기 위한 등기 ㈎ 등기명의인 표시경정등기, 토지(건물) 표시경정등기, 권리경정등기

말소등기	① 말소등기란 기존의 등기사항의 전부가 원시적 또는 후발적 이유로 인하여 부적법하게 된 경우에 그 등기사항 전부를 소멸하는 등기 ② 계약이 무효·취소·해제하는 경우, 저당권에서의 변제, 전세권에서 존속기간의 만료 등의 경우에 말소등기를 경료
멸실등기	① 부동산의 전부가 물리적으로 멸실한 경우에 표제부에 하는 사실의 등기 ② 멸실등기를 한 때에는 등기기록을 폐쇄
말소회복 등기	① 등기사항의 전부 또는 일부가 부적법하게 말소된 경우 이를 회복하는 등기 ② 부적법하게 말소된 등기는 효력이 존속함

3. 효력에 의한 분류

(1) 종국등기(본등기)

① 등기함으로 인하여 물권변동의 효력이 발생하는 등기를 말한다.
② 종국등기에 속하는 등기로는 기입등기, 변경등기, 말소등기, 회복등기 등이 있다.

(2) 예비등기

등기기록에 기록된 경우에도 물권변동은 없고, 후일의 물권변동에 대비하는 등기로서 청구권보전을 위한 가등기와 처분제한등기가 있다.

① 가등기
  ㉠ 의의: 가등기란 종국등기를 할 수 있는 실체적 또는 절차적 요건이 완비되어 있지 않은 경우에 장래에 할 본등기의 순위를 보전하기 위하여 미리 하는 등기를 말한다.
  ㉡ 가등기의 효력
    ⓐ 가등기에 기한 본등기를 하면 본등기의 순위는 가등기의 순위에 의한다.
    ⓑ 물권변동의 효력은 가등기시로 소급하지 않고 본등기를 한 때에 발생한다.

② 처분제한등기
  ㉠ 의의: 금전채권 이외의 권리 또는 법률관계의 확정판결의 강제집행을 보전하기 위한 집행보전제도를 말한다.
  ㉡ 효력: 가처분도 가압류와 마찬가지로 상대적 효력만 있다. 따라서 가처분등기가 있는 경우에도 제3자에게 처분할 수 있다.

가등기의 예

[갑구]	(소유권에 관한 사항)			
순위번호	등기목적	접수	등기원인	권리자 및 기타사항
1	소유권 보존	(생략)	(생략)	(생략)
2	소유권 이전 청구권가등기	2023년 3월 2일 제2334호	2023년 2월 19일 매매예약	소유자의 성명, 주소, 주민등록번호
	소유권 이전	2024년 8월 10일 제3235호	2024년 8월 8일 매매계약	소유자의 성명, 주소, 주민등록번호
3	~~소유권 이전~~	~~2024년 7월 6일 제2357호~~	~~2024년 7월 5일 매매~~	~~소유자의 성명, 주소, 주민등록번호~~
4	3번 소유권 이전등기 말소			2번 가등기의 본등기로 인하여 2024년 8월 8일 등기

4. 등기의 형식(방식)에 의한 분류

(1) 주등기(독립등기)

① 주등기란 기존등기의 표시번호·순위번호에 이어지는 '독립한 번호'를 붙여서 하는 등기를 말한다.
② 등기는 원칙적으로 주등기 형식에 의한다.

(2) 부기등기 〈빈출〉

① 부기등기는 기존의 등기와 동일성 내지 그 연장임을 표시하려고 할 때 또는 기존의 등기와 동일한 순위나 효력을 가진다는 것을 등기부상 명백히 하려고 할 때에 하는 것을 말한다.
② 등기관이 부기등기를 할 때에는 그 부기등기가 어느 등기에 기초한 것인지 알 수 있도록 주등기 또는 부기등기의 순위번호에 **가지번호**를 붙여서 하여야 한다.
③ 부기등기의 순위는 주등기의 순위에 의하고, 부기등기 상호간의 순위는 그 전후에 의한다.
④ 하나의 주등기에 수 개의 부기등기를 할 수 있으며, 부기등기의 부기등기도 가능하다.

기출

01 등기관이 권리의 변경(경정)등기를 할 때에는 ( )로 하여야 한다. 다만 등기상 이해관계 있는 제3자의 승낙이 없는 경우에는 그러하지 아니하다.
제29·30·31·32회

02 전세권을 목적으로 하는 저당권설정등기는 ( )로 한다.
제28·30회

03 등기원인에 권리소멸의 약정 또는 공유물불분할 약정이 있으면 그 약정의 등기는 ( )로 한다.
제30·33·36회

04 전부말소회복등기는 ( )로, 일부말소회복등기는 ( )로 실행한다.
제36회

★ 암기 PLUS | 부기등기의 예

1. 소유권 이외의 권리를 목적으로 하는 등기
2. 소유권 이외의 권리의 이전등기
3. 소유권 이외의 권리의 처분제한 등기
4. 권리질권등기
5. 등기명의인 표시변경등기
6. 일부말소회복등기(전부말소회복등기는 주등기)
7. **권리변경등기**
   권리변경등기에 등기상 이해관계 있는 제3자가 있는 경우에는 신청서에 그 승낙서 또는 재판의 등본을 첨부하면 부기등기(승낙이 없으면 주등기)
8. **환매등기**
   환매권이전등기는 부기등기의 부기등기로 실행
9. 권리소멸약정의 등기
10. 공유물불분할약정
11. 신탁등기의 주의사항등기

부기등기의 예

[을구]	(소유권 이외의 권리에 관한 사항)			
순위번호	등기목적	접수	등기원인	권리자 및 기타사항
1	전세권 설정	2017년 6월 5일 제2346호	2017년 6월 1일 설정계약	전세금 금250,000,000원 목적 및 범위 주거용 건물 전부 전세권자 성명, 주소, 주민등록번호
2	근저당권 설정	2018년 10월 4일 제7300호	2018년 10월 3일 설정계약	채권최고액 금50,000,000원 채무자 성명, 주소 근저당권자 성명, 주소, 주민등록번호
1-1	1번 전세권 목적의 저당권설정	2018년 10월 20일 7500호	2018년 10월 5일 설정계약	채권액 금200,000,000원 채무자 성명, 주소 저당권자 성명, 주소, 주민등록번호
2-1	2번 근저당권 이전	2019년 10월 5일 제3929호	2019년 10월 1일 양도	근저당권자 성명, 주소, 주민등록번호

기출정답
01 부기등기   **02** 부기등기
03 부기등기
04 주등기, 부기등기

03 등기의 대상(등기할 사항) 빈출

1. 의의

(1) 실체법상 등기사항 – 「민법」

(2) 절차법상 등기사항 – 「부동산등기법」

(3) 양자의 관계

절차법상의 등기사항에는 실체법상의 등기사항뿐만 아니라 「부동산등기법」 및 특별법에 의하여 등기할 수 있는 사항도 포함되므로, 실체법상의 등기사항은 모두 절차법상의 등기사항이 되며, 실체법상의 등기사항이 아닌 것도 절차법상의 등기사항으로 규정하고 있다.

2. 등기할 물건

(1) 토지

① 「공간정보의 구축 및 관리 등에 관한 법률」의 규정에 의한 1필지가 하나의 토지이며 각 필지는 독립성이 인정된다.

② 일물일권주의원칙과 예외

구분	용익물권·임차권설정	처분행위(소유권 이전, 저당권설정, 처분제한)
부동산의 일부	○	×
권리의 일부(지분)	×	○

③ 「하천법」상의 하천

> **★ 개념 PLUS |** 「하천법」에 따른 등기할 사항(등기예규 제1387호)
>
> 1. 대상토지
>   「하천법」상의 하천으로서, 등기부상의 지목이 하천 또는 제방으로 등기된 토지
> 2. 등기를 할 수 있는 경우
>   ① 「하천법」상의 하천에 대한 등기는 다음에 해당하는 권리의 설정, 보존, 이전, 변경, 처분의 제한 또는 소멸에 대하여 이를 할 수 있다.
>   • 소유권　　　　　• 저당권　　　　　• 권리질권
>   ② 가등기는 위 ①의 사항에 해당하는 권리의 설정, 이전, 변경 또는 소멸의 청구권을 보전하려 할 때에 이를 할 수 있다.
> 3. 등기를 할 수 없는 경우
>   지상권·지역권·전세권 또는 임차권에 대한 권리의 설정, 이전 또는 변경의 등기는 「하천법」상의 하천에 대하여는 이를 할 수 없다.

⚡기출

01 건물의 공유지분에 대하여는 전세권등기를 할 수 (　　). 제30·32회

기출정답

01 없다

(2) 건물

① 건물이란 토지에 정착하여 지붕과 주벽 또는 기둥을 갖춘 토지의 정착물로서 일정한 용도에 따라 사용되는 것을 말한다.

② 구분건물
  ㉠ 전유부분(**구조상 및 이용상 독립성**)은 등기능력이 있다.
  ㉡ 공용부분
    ⓐ **구조상 공용부분**: 집합건물에서 구조적, 물리적으로 공용부분인 것(예 복도, 계단 등)은 전유부분으로 등기할 수 없다.
    ⓑ **규약상 공용부분**: 집합건물의 공용부분 중 독립된 건물로서의 요건을 갖춘 경우(예 아파트 관리사무소, 노인정 등)에는 독립하여 건물로서 등기할 수 있다.

③ 등기대상이 되는 물건(등기예규 제1086호)

등기대상 ×	등기대상 ○
• 공유수면(해면)하의 토지	• 「하천법」상의 하천(용익권은 제외)
• 교량, 터널	• 「도로법」상의 도로
• 가건물	• 방조제(지목: 제방)
• 방조제의 부대시설(배수갑문, 양수기)	• 유류저장탱크, 사일로, 비각
• 임시로 지은 견본주택(모델하우스)	• 농업용 고정식 유리온실
• 구분건물의 구조상 공용부분	• 구분건물의 전유부분·부속건물
• 옥외 풀장, 양어장, 치어장	• 구분건물의 규약상 공용부분
• 경량철골조 혹은 조립식 패널구조의 건축물	• 조적조·컨테이너구조 슬레이트지붕 주택
	• 경량철골조 경량패널지붕 건축물
	• 개방형 축사(특례법)

3. 등기할 권리

구분	등기대상인 권리	등기대상이 아닌 권리
부동산물권 (효력발생요건)	• 소유권 • 지상권, 지역권, 전세권 • 저당권, 권리질권	• 점유권 • 유치권, 동산질권 • 특수지역권, 관습상 분묘기지권 • 주위토지통행권
부동산채권 (대항요건)	• 임차권 • 환매권 • 채권담보권	-

4. 등기할 권리변동

(1) 법률행위에 의한 부동산물권변동(효력발생요건)

「민법」제186조에 의하면 법률행위로 인한 물권변동은 등기를 하여야 실체법상 물권변동의 효력이 발생한다.

(2) 법률규정에 의한 부동산물권취득(처분요건)

> 「민법」제187조 【등기를 요하지 아니하는 부동산물권취득】 상속, 공용징수, 판결, 경매 기타 법률의 규정에 의한 부동산에 관한 물권의 취득은 등기를 요하지 아니한다. 그러나 등기를 하지 아니하면 이를 처분하지 못한다.

① 상속(포괄유증)
  ㉠ 상속은 **피상속인의 사망시**에 개시되며 등기 없이도 물권변동의 효력이 발생한다.
  ㉡ 포괄유증의 경우에 수증자는 **유증자의 사망시**에 유증받은 권리의무를 포괄적으로 승계취득한다. 그러나 특정유증은 수증자 앞으로 **소유권이전등기가 경료된 때**에 발생한다.

② 공용징수
  ㉠ 공용징수란 공익사업을 위하여 국민의 특정 재산권을 법률의 힘에 의하여 강제로 취득하는 것을 말한다.
  ㉡ 공용징수에서 사업시행자는 **수용의 개시일**(수용한 날)에 토지나 물건의 소유권을 취득하며 그 토지나 물건에 존재하는 다른 권리는 이와 동시에 소멸한다.

③ 판결(화해조서·인낙조서)
  ㉠ 「민법」제187조의 판결은 판결 자체에 의하여 부동산의 물권취득의 형성적 효력이 발생하는 **형성판결**을 의미한다.[1]
  ㉡ 형성판결에 의하여 물권취득이 일어나는 시기는 그 판결이 **확정된 때**이며 공유물분할판결, 상속재산분할판결 등이 이에 해당한다.

④ 경매
  ㉠ 경매에는 사경매와 공경매가 있는데 「민법」제187조의 경매는 공경매를 의미한다.
  ㉡ 경매의 경우에는 매수인이 **매각대금을 다 낸 때**에 매각의 목적인 권리를 취득한다.

[1] 이행판결은 권리변동을 위하여 등기를 요한다.

⑤ 기타 법률규정에 의한 물권변동
  ㉠ 신축건물의 소유권취득, 공유수면매립지의 소유권취득
  ㉡ 분배농지의 상환완료에 의한 소유권취득
  ㉢ 법정지상권, 관습법상의 법정지상권, 법정저당권의 취득
  ㉣ 존속기간만료에 의한 용익물권의 소멸
  ㉤ 피담보채권소멸에 의한 저당권의 소멸
  ㉥ 부동산의 멸실에 의한 물권의 소멸
  ㉦ 혼동에 의한 물권의 소멸
  ㉧ 원인행위의 실효(무효·취소·해제)로 인한 물권의 복귀

(3) 「민법」 제187조의 예외 -「민법」 제245조 제1항(점유취득시효)

(4) 절차법상 등기되어야 할 권리변동 - 법 제3조

> **TIP**
> 「부동산등기법」상 등기할 사항은 '보설이변소처'로 암기한다.

구분	내용
보존	미등기의 부동산의 원시취득의 경우(보존등기의 대상은 소유권)
설정	① 소유권 이외의 권리를 당사자의 계약 등에 의하여 창설하는 것 ② 지상권, 지역권, 전세권, 저당권, 권리질권 등
이전	① 등기의 대상인 권리의 주체가 변경되는 것 ② 시효취득과 토지수용은 성질상 원시취득이지만 실무상 이전등기형식
변경	기존의 등기사항의 일부가 실체관계와 부합하지 않는 경우에 이를 실체관계에 부합하게 시정하는 등기(협의의 변경등기와 경정등기)
처분제한	① 소유권자나 기타 권리자가 가지는 처분권능을 제한하는 것 ② 법률의 규정을 요함(압류, 경매신청, 가압류, 가처분 등에 관한 등기) ③ 처분제한등기가 있는 경우에 당해 부동산의 처분이 가능하며, 처분제한권자가 본안소송에서 승소하면 처분제한등기 후에 실행된 등기는 효력을 상실
소멸	① 어떤 부동산에 대한 권리가 등기원인의 무효, 해제, 부동산의 멸실 등으로 원시적 또는 후발적 사유로 인하여 없어지는 것 ② 등기원인의 무효, 취소로 인한 말소등기와 부동산이 멸실한 때의 멸실등기

04 등기의 효력

1. 등기의 일반적 효력(종국등기의 효력)

(1) 권리변동적 효력

물권변동에 있어서 성립요건주의를 취하는 우리나라에서는 법률행위로 인한 물권변동은 당사자의 법률행위와 등기라는 형식적 요건을 갖추어야 그 효력이 발생한다.

(2) 대항적 효력

등기를 함으로써 등기한 사항에 관하여 당사자 이외에 제3자에게도 대항할 수 있는 효력을 대항력이라 한다. 부동산환매권, 부동산임차권, 물권의 임의적 기재사항 등은 등기를 하여야 당사자 이외의 제3자에게 효력을 주장할 수 있다.

(3) 추정적 효력

① **의의**: 추정적 효력이란 비록 무효인 등기라 할지라도 등기부에 기재된 권리가 실제로 존재하는 것으로 추정하는 효력이 있는 것을 말한다.
② **추정력의 내용**: 등기를 신뢰하고 거래하는 자에게는 무과실이 추정되나, 선의라도 등기내용을 조사하지 아니한 경우에는 과실이 있는 것으로 추정된다.
③ **추정력의 범위**
  ㉠ 등기목적, 등기원인, 등기절차에는 추정력이 미친다.
  ㉡ 저당권설정등기에서 피담보채권에도 추정력이 미친다.
  ㉢ 등기된 권리는 제3자에게는 물론 거래의 상대방에게도 추정력을 주장할 수 있다.
④ **추정력의 입증책임**
  ㉠ **소유권이전등기**: 강한·법률상 추정 ⇨ 무효주장자가 입증
  ㉡ **소유권보존등기**: 약한·사실상의 추정 ⇨ 등기명의인이 유효임을 입증
  ㉢ **특별법상 등기**: 강한·법률상의 추정 ⇨ 무효주장자가 입증
⑤ **추정력이 부정되는 경우**
  ㉠ 토지(건물)의 표시변경등기에는 추정력이 인정되지 않는다.
  ㉡ 예비등기(가등기, 처분제한등기)에는 추정력이 인정되지 않는다.
  ㉢ 전소유자의 사망 후에 이루어진 등기, 전소유명의인이 허무인인 경우, 등기의 기재 자체에 의하여 부실등기임이 명백한 경우에는 등기의 추정력이 부정된다.

기출

01 소유권이전등기가 경료된 경우, 그 등기명의인은 직전 소유자에 대하여 적법한 등기원인에 의하여 소유권을 취득한 것으로 ( )된다.
제20·22회

기출정답

01 추정

⑥ **점유의 추정력과의 관계**: 「민법」제200조의 점유의 추정력이 등기된 부동산에 대해서도 적용되느냐에 대하여 다툼이 있으나 부동산은 등기의 추정력이 우선하므로 등기된 부동산에 대해서는 점유의 추정력이 배제된다.

(4) 순위확정적 효력

① **원칙**: 동일한 부동산에 관하여 등기한 권리의 순위는 법률에 다른 규정이 없으면 등기한 순서에 따른다.
② 등기의 순서는 등기기록 중 같은 구에서 한 등기는 순위번호에 따르고, 다른 구에서 한 등기는 접수번호에 따른다.
③ 부기등기의 순위는 주등기의 순위에 따른다. 그러나 부기등기 상호간의 순위는 그 등기의 순서에 따른다.
④ 말소회복등기는 종전 등기의 순위를 회복한다.
⑤ 가등기에 기한 본등기를 한 경우에 본등기의 순위는 가등기의 순위에 따른다.
⑥ 대지권등기와 대지권의 목적인 토지등기기록 해당구에 한 등기는 **접수번호**에 의한다.

> **암기 PLUS | 대지권등기와 대지권 뜻의 등기**
> - **대지권등기**: 건물등기기록, 표제부, 신청
> - **대지권 뜻의 등기**: 토지등기기록, 해당구, 직권

(5) 형식적 확정력(후등기 저지력)

형식적 확정력이란 등기가 존재하는 이상 그 유·무효를 막론하고 법정의 요건과 절차에 따라 기존의 등기를 말소하지 않고는 그것과 양립할 수 없는 등기의 기록을 막는 효력을 말한다.

(6) 점유적 효력

점유적 효력이란 부동산의 일반시효취득의 점유기간이 20년인 데 반하여 등기부취득시효의 점유기간을 10년으로 함으로써 점유가 20년간의 등기에 갈음하는 효과를 갖게 되는 것을 말한다.

⚡ **기출**

01 1필의 토지 전부에 대하여, 이미 소멸한 전세권의 설정등기가 존재하는 경우 다른 (   )의 설정등기신청을 수리하지 못한다.   제34회

기출정답
01 전세권

2. 예비등기의 효력

(1) 가등기의 효력

① 본등기 전의 효력(가등기 자체의 효력)
  ㉠ 실체법상의 효력은 없다.
  ㉡ 처분금지효력도 없다.
  ㉢ 추정력도 없다.
② 본등기 후의 효력(본등기 순위보전의 효력)
  ㉠ **본등기의 순위보전**: 본등기의 순위는 가등기의 순위에 의한다.
  ㉡ **물권변동의 효력발생시기**: 본등기시에 발생한다(가등기로 소급하지 않는다).

(2) 처분제한등기의 효력

① 경고적 효력만 있다.
② 처분금지효력 · 추정력 · 순위보전적 효력도 없다.

05 등기의 유효요건

1. 형식적 유효요건

(1) 등기신청 의사가 있을 것

① 등기의무자의 등기신청 의사는 등기의 유효요건이다. 등기신청은 신청인 본인 외에 대리인에 의하여도 할 수 있다.
② 등기신청의 대리권이 없는 자가 등기신청을 한 경우에는 등기관이 각하하여야 하지만 등기가 실행되었다면 실체관계에 부합하여 유효하다.

(2) 각하사유에 해당하지 않을 것

① **관할 등기소에서 할 것 + 등기사항일 것**: 이를 위반한 등기(법 제29조 제1호 · 제2호)가 실행된 경우에 당연무효로서 직권말소와 이의신청이 가능하다.
② **신청절차가 적법할 것**: 이를 위배한 등기(법 제29조 제3호 내지 제11호)가 실행된 경우에는 실체적 유효요건을 갖추고 있는 한 그 등기는 유효하다는 것이 판례의 입장이다.

(3) 등기기록에 기록

① 등기의 신청에 의하여 등기필정보까지 교부되었다 하더라도 등기관의 과실 등으로 등기가 실행(기록)되어 있지 않으면 등기가 있다고 할 수 없다.

② 일단 유효하게 존재하던 등기기록이 멸실되거나, 등기가 불법으로 말소한 경우에도 그 표상하던 물권은 소멸하지 않는다. 판례도 "등기는 물권의 효력발생요건이고 효력존속요건은 아니므로 그 등기가 표상하던 물권은 소멸하지 않는다."라고 한다.

(4) 이중등기

① **표제부의 이중등기**: 부동산의 실제상황과 일치하는 등기만 유효로 한다.
② **갑구·을구(권리등기)의 이중등기**
  ㉠ **소유권보존등기 명의인이 동일인인 경우**: '1부동산 1등기기록의 원칙'상 먼저 행하여진 것(선등기)이 유효하고 뒤에 행하여진 등기는 무효라는 것이 판례의 입장이다.
  ㉡ **소유권보존등기 명의인이 동일인이 아닌 경우**: 먼저 이루어진 소유권보존등기가 원인무효가 아닌 한, 뒤에 행하여진 소유권보존등기는 실체적 권리관계에 부합하는 등기라 할지라도 '1부동산 1등기기록'의 원칙상 무효라는 것이 판례의 입장이다.

2. 실체적 유효요건

(1) 유효한 물권행위가 존재할 것

물권행위 후 당사자의 사망, 행위능력을 상실한 경우에도 물권행위의 효력에는 영향이 없으므로 등기는 유효하다.

(2) 물권행위와 등기가 일치할 것

① 질적 불일치 – 무효
  ㉠ **권리주체의 불일치**: 매수인이 甲이나 乙로 등기된 경우
  ㉡ **등기목적의 불일치**: 전세권설정계약이 있었는데 임차권설정등기가 되어 있는 경우
  ㉢ **등기목적물의 불일치**: 甲토지에 대해 계약했는데 乙토지에 등기된 경우
② 권리내용의 양적 불일치
  ㉠ **등기 > 물권행위**: 물권행위 한도에서 유효
  ㉡ **등기 < 물권행위**: 「민법」 제137조 법률행위의 일부무효의 규정에 의한다 (원칙적으로는 등기 전부를 무효로 하나, 당사자의 가상적 의사가 있으면 일부무효를 인정한다).

3. 유효요건의 완화

(1) 중간생략등기

① **의의**: 중간생략등기란 부동산물권이 최초의 양도인으로부터 중간취득자에게, 중간취득자로부터 최종취득자에게 전전이전되어야 할 경우에, 그 중간취득자에의 등기를 생략하고 최초의 양도인으로부터 직접 최후의 양수인에게 등기하는 것을 말한다.

② **효력**
  ㉠ 판례는 전원의 합의 또는 중간취득자의 동의를 요건으로 실체관계에 부합하면 유효성을 인정한다.
  ㉡ 묵시적·순차적인 합의도 가능하다.
  ㉢ 판례는 위의 요건을 완화하여 그러한 합의가 없더라도 이미 중간생략등기가 적법한 등기원인에 대하여 성립되어 있는 때에는 합의가 없었음을 이유로 무효를 주장할 수 없고, 또한 그 말소를 청구하지 못한다고 한다.

③ **토지거래허가구역에서의 중간생략등기**: 토지거래허가지역에서 중간생략합의가 있었을지라도 그 중간생략등기는 무효이다(토지거래허가제는 효력규정).

(2) 모두(冒頭)생략등기

미등기부동산이 그 소유자 甲으로부터 乙을 경유하여 丙에게 전매된 경우에 丙의 명의로 소유권보존등기를 한 경우에도, 그 등기는 결과적으로는 실질적인 법률관계에 부합되는 것이므로 이를 무효인 것이라고 볼 수 없다.

(3) 실제와 다른 등기원인에 의한 등기

등기명의자가 전소유자로부터 부동산을 취득함에 있어 등기기록에 기록된 등기원인에 의하지 아니하고 다른 원인으로 적법하게 취득하였다고 하면서 등기원인행위의 태양이나 과정을 다소 다르게 주장한다고 하여 이러한 주장만 가지고 그 등기의 추정력이 깨어진다고 할 수 없다.

(4) 무효등기의 유용

① **표제부의 유용**: 멸실된 건물의 보존등기를 멸실 후에 신축한 건물의 보존등기로서 유용할 수는 없다.
② **권리등기의 유용(저당권등기의 유용)**: 무효등기를 유용하기 전에 등기기록상 새로운 이해관계를 가지게 된 제3자가 없는 한 이러한 등기의 유용도 유효하다고 본다.

⚡기출

01 토지거래허가구역 내의 토지에 관하여, 중간생략등기의 합의 하에 최초매도인과 최종매수인을 당사자로 하는 토지거래허가를 받아 최초매도인으로부터 최종매수인 앞으로 한 소유권이전등기는 ( )이다. 제21회

02 미등기부동산을 대장상 소유자로부터 양수인이 이전받아 양수인 명의로 소유권보존등기를 한 경우, 그 등기가 실체관계에 부합하면 ( )하다. 제21·26회

03 실체적 권리관계의 소멸로 인하여 무효가 된 담보가등기라도 이해관계 있는 제3자가 있기 전에 다른 채권담보를 위하여 유용하기로 합의하였다면 그 등기는 ( )하다. 제21회

기출정답
01 무효 02 유효 03 유효

제2장 등기기관과 설비

기본서 p.164~182

01 등기소

1. 의의

등기소란 등기사무를 담당하는 관서 또는 등기사무를 행하는 권한을 가진 국가기관으로서, 현행 등기사무는 지방법원 등기과와 지방법원지원 등기계 및 그 관할구역 안에 있는 각종 등기소에서 취급한다.

2. 등기소의 관할

(1) 원칙

등기할 권리의 목적인 부동산의 소재지를 관할하는 지방법원, 그 지원(支院) 또는 등기소를 관할 등기소로 한다. 그러므로 등기소의 관할구역은 대체로 행정구획인 시·군·구를 기준으로 한다(항상 일치하는 것은 아니다).

(2) 예외 - 관할 등기소의 지정

① 의의: 부동산이 여러 개의 등기소의 관할 구역에 걸쳐 있을 때에는 신청을 받아 그 각 등기소를 관할하는 상급법원의 장이 관할 등기소를 지정한다(토지는 제외).
② 관할지정의 사유
  ㉠ 건물의 신축·증축, 건물의 합병 등으로 수 개 등기소의 관할에 걸치는 경우
  ㉡ 단지를 구성하는 수 동의 건물 중 일부 건물의 대지가 다른 등기소의 관할에 속하는 경우
③ 지정권자: 각 등기소를 관할하는 **상급법원의 장**
④ 지정된 관할 등기소에 등기를 신청할 때에는 신청서에 지정이 있었음을 증명하는 서면을 첨부하여야 한다.
⑤ 건물대지의 일부가 관할의 전속으로 인하여 1개의 건물이 2개 이상의 등기소의 관할구역에 속하게 된 경우에는 종전의 관할 등기소가 계속 관할한다.

(3) 관련 사건의 관할에 관한 특례

① 관할 등기소가 다른 여러 개의 부동산과 관련하여 등기목적과 등기원인이 동일하거나 그 밖에 대법원규칙으로 정하는 등기신청이 있는 경우에는 그 중 하나의 관할 등기소에서 해당 신청에 따른 등기사무를 담당할 수 있다.
② 등기관이 당사자의 신청이나 직권에 의한 등기를 하고 요역지의 지역권등기, 공동저당 또는 대법원규칙으로 정하는 바에 따라 다른 부동산에 대하여 등기를 하여야 하는 경우에는 그 부동산의 관할 등기소가 다른 때에도 해당 등기를 할 수 있다.

> **등기목적과 등기원인이 동일한 등기신청**
> 1. 동일한 채권에 관하여 여러 개의 부동산에 관한 권리를 목적으로 하는 저당권설정(이하 "공동저당"이라 한다)등기의 신청
> 2. 여러 개의 부동산에 관한 전세권설정 또는 전전세 등기의 신청
> 3. 제1호 및 제2호의 등기에 대한 이전·변경·말소등기의 신청
> 4. 그 밖에 동일한 등기원인을 증명하는 정보에 따라 등기목적과 등기원인이 동일한 등기의 신청
>
> **그 밖에 대법원규칙으로 정하는 등기신청**
> 1. 소유자가 다른 여러 부동산에 대한 제1항 제1호 및 제2호 등기의 신청
> 2. 제1호의 등기에 대한 이전·변경·말소등기의 신청
> 3. 공동저당 목적으로 새로 추가되는 부동산이 종전에 등기한 부동산과 다른 등기소의 관할에 속하는 경우에는 종전의 등기소에 추가되는 부동산에 대한 저당권설정등기의 신청

(4) 상속·유증 사건의 관할에 관한 특례

상속 또는 유증으로 인한 등기신청의 경우에는 부동산의 관할 등기소가 아닌 등기소도 그 신청에 따른 등기사무를 담당할 수 있다.

> **부동산의 관할 등기소가 아닌 등기소에도 그 등기를 신청할 수 있는 경우**
> 1. 상속 또는 유증으로 인한 소유권이전등기를 신청하는 경우
> 2. 상속으로 인한 소유권이전등기가 마쳐진 후 다음 각 목에 해당하는 사유가 있는 경우 그 사유를 원인으로 해당 등기를 신청하는 경우
>   • 법정상속분에 따라 상속등기를 마친 후에 상속재산 협의분할(조정분할·심판분할을 포함한다)등이 있는 경우
>   • 상속재산 협의분할에 따라 상속등기를 마친 후에 그 협의를 해제(다시 새로운 협의분할을 한 경우를 포함한다)한 경우
>   • 상속포기신고를 수리하는 심판 또는 상속재산 협의분할계약을 취소하는 재판 등이 있는 경우

3. 관할의 변경(전속)

관할의 변경이란 법률 또는 대법원규칙의 개정(등기소의 신설·폐지) 등으로 부동산의 소재지가 하나의 등기소의 관할로부터 다른 등기소의 관할로 변경되는 것을 말한다.

4. 등기사무의 위임

(1) 등기사무의 위임이란 관할 등기소가 아닌 다른 등기소로 하여금 등기사무를 다루게 하는 것을 말하며, **대법원장**이 교통사정 또는 등기사무의 양 등의 사유로 위임할 수 있다.

(2) 관할의 위임은 개개의 등기사건에 대한 위임이 아니라 일정한 등기구획의 일부 또는 전부에 속하는 부동산 전부에 관하여 위임하는 것이다.

5. 등기사무의 정지

(1) 대법원장은 아래의 어느 하나에 해당하는 경우로서 등기소에서 정상적인 등기사무의 처리가 어려운 경우에는 기간을 정하여 등기사무의 정지를 명령하거나 대법원규칙으로 정하는 바에 따라 등기사무의 처리를 위하여 필요한 처분을 명령할 수 있다.

① 「재난 및 안전관리 기본법」 제3조 제1호의 재난이 발생한 경우
② 정전 또는 정보통신망의 장애가 발생한 경우
③ 그 밖에 ① 또는 ②에 준하는 사유가 발생한 경우

(2) 대법원장은 대법원규칙으로 정하는 바에 따라 정지명령에 관한 권한을 법원행정처장에게, 처분명령에 관한 권한을 법원행정처장 또는 지방법원장에게 위임할 수 있다.

(3) 정지기간 중에 등기의 신청은 각하사유(법 제29조 제2호)에 해당하며 이를 간과하고 실행된 등기는 실체관계의 부합 여부에도 불구하고 당연무효, 직권말소의 대상이 된다.

02 등기관

1. 등기관의 의의

등기관이란 지방법원, 지원, 등기소에 근무하는 법원서기관, 등기사무관, 등기주사, 등기주사보 중에서 지방법원장 또는 지방법원지원장의 지정을 받아 등기사무를 행하는 자를 말한다.

2. 등기관의 업무처리의 제한

(1) 업무처리제한의 이유

등기업무는 사인의 권리관계에 중대한 영향을 미치므로 신청인과 등기관이 일정한 친족관계에 있는 경우 등기업무의 공정성을 확보하기 위하여 등기관을 당해 사건에서 제외시킨다.

(2) 업무처리제한의 사유와 효과

① 등기관은 **자기, 배우자** 또는 **4촌 이내의 친족**(이하 '배우자 등'이라 한다)이 등기신청인인 때에는 그 등기소에서 소유권등기를 한 성년자로서 등기관의 배우자 등이 아닌 자 2명 이상의 참여가 없으면 등기를 할 수 없다. **배우자 등의 관계가 끝난 후**에도 같다.

② 등기관이 등기를 하는 경우 참여조서를 작성하여 참여인과 같이 기명날인 또는 서명을 하여야 한다.

③ 제한사유에 위반한 등기가 실체관계에 부합하는 한 무효의 등기는 아니며 또한 그러한 등기가 있어도 실체관계에 부합하면 유효하다.

3. 등기관의 책임

(1) 등기관의 고의·과실로 법령에 위반하여 사인에게 손해를 입힌 경우 「국가배상법」에 의하여 국가가 배상책임을 진다.

(2) 등기관에게 고의·중과실이 있는 경우 국가는 등기관에게 구상권을 행사할 수 있다.

03 등기에 관한 장부

1. 등기부의 의의

등기부란 부동산에 관한 권리관계 또는 부동산의 표시에 관한 사항을 기록하는 하나의 부동산을 위하여 사용되는 등기기록을 대법원규칙에 따라 편성한 것을 말한다.

2. 등기기록의 편성

(1) 물적편성주의 - 1부동산 1등기기록

(2) 구분건물의 등기기록

① 1동 건물을 구분한 건물은 1동 건물에 속하는 전부에 대하여 1등기기록을 사용한다. 1동 건물에 대해서는 표제부만 두고 각 구분건물마다 표제부, 갑구, 을구를 두도록 하여 이들 전부를 합하여 1등기기록이라 하고 있다.
② 구분건물의 등기사항증명서의 교부 또는 열람을 할 때에는 1동의 건물의 표제부와 해당 구분한 건물에 관한 기록을 1등기기록으로 본다.

▶ 기출

01 구분건물 등기기록에는 1동의 건물에 대한 ( )를 두고 전유부분마다 표제부, 갑구, 을구를 둔다. 제27회

TIP
등기부의 양식은 주요한 사항이며 특히 구분건물 등기기록의 양식은 정확하게 이해하여야 한다.

(3) 등기기록의 양식

① 토지 또는 건물의 등기기록
  ㉠ **등기기록의 구성**: 부동산의 표시에 관한 사항을 기록하는 표제부와 소유권에 관한 사항을 기록하는 갑구 및 소유권 외의 권리에 관한 사항을 기록하는 을구를 둔다.
  ㉡ **부동산고유번호**: 등기기록을 개설할 때에는 1필의 토지 또는 1개의 건물마다 부동산고유번호를 부여하고 이를 등기기록에 기록하여야 한다.
  ㉢ **표제부**: 부동산의 표시에 관한 사항을 적는다.
  ㉣ **갑구**: 소유권과 소유권에 관한 사항을 적는다.
  ㉤ **을구**: 소유권 이외의 권리와 소유권 이외의 권리에 관한 사항을 적는다. 만약, 을구에 적을 사항이 없으면 이를 두지 아니할 수 있다.

기출정답

01 표제부

구분	기록내용
토지등기기록 표제부	표시번호란, 접수란, 소재지번란, 지목란, 면적란, 등기원인 및 기타사항란(표시번호란에는 표시에 관한 등기의 순서)
건물등기기록 표제부	표시번호란, 접수란, 소재지번·건물명칭 및 건물번호란, 건물내역란, 등기원인 및 기타사항란
갑구의 양식	순위번호란, 등기목적란, 접수란, 등기원인란, 권리자 및 기타 사항란
갑구의 등기사항	• 소유권에 관한 사항: 소유권보존, 이전, 말소등기, 처분제한등기, 가등기, 환매등기, 신탁등기 등 • 저당권의 실행에 의한 경매등기 • 피보전권리가 지상권설정청구권인 처분제한의 등기
을구의 양식	순위번호란, 등기목적란, 접수란, 등기원인란, 권리자 및 기타 사항란
을구의 등기사항	소유권 이외의 권리에 관한 사항(용익물권, 저당권, 임차권 등의 설정, 이전, 경정, 변경, 말소등기, 처분제한등기, 가등기 등)

표제부의 기록례

[토지등기기록]

[토지] 서울특별시 종로구 사직동 10　　　　　　　　　　　　고유번호 1955-1996-467540

【표제부】		(토지의 표시)			
표시번호	접수	소재 지번	지목	면적	등기원인 및 기타사항
1 (전 2)	2000년 1월 15일	서울특별시 종로구 사직동 10	대	359m²	부동산등기법 제177조의6 제1항의 규정에 의하여 2001년 7월 25일 전산이기

갑구의 기록례

【갑구】		(소유권에 관한 사항)		
순위번호	등기목적	접수	등기원인	권리자 및 기타사항
1 (전 2)	소유권이전	2010년 5월 7일 제5762호	2010년 5월 6일 매매	소유자 김동성 ****** - ******* 서울특별시 종로구 사직동 10

을구의 기록례

【을구】		(소유권 이외의 권리에 관한 사항)		
순위번호	등기목적	접수	등기원인	권리자 및 기타사항
1 (전 2)	근저당권설정	2012년 10월 4일 제73333호	2012년 10월 3일 설정계약	채권최고액 금50,000,000원 채무자 김동성 서울특별시 종로구 사직동 10 근저당권자 우리은행 ****** - ******* 서울특별시 종로구 사직동 100(사직동지점)

> **기출**
>
> **01** 대지권이 있는 경우, 1동 건물의 등기기록의 표제부에 ( )에 관한 사항을 기록한다. 제24회
>
> **02** 구분건물에 대하여는 ( )마다 부동산고유번호를 부여한다. 제32회

② **구분건물의 등기기록의 구성**

㉠ **1동의 건물의 표제부**: 윗부분에는 1동의 건물의 표시, 아랫부분에는 **대지권의 목적인 토지의 표시**(토지의 일련번호, 소재, 지번, 지목, 면적 등)

㉡ **각 구분건물의 표제부**: 윗부분에는 전유부분의 건물의 표시(소재와 지번은 제외), 아랫부분에는 **대지권의 표시**(토지의 일련번호, 대지권의 종류와 비율 등)

㉢ **구분건물의 등기기록**: 표제부 및 각 구는 1동의 건물을 구분한 각 건물마다 둔다.

㉣ **대지권 뜻의 등기**: 토지등기기록의 해당구(갑구 또는 을구)에 기록한다.

㉤ 구분건물의 규약상 공용부분(예 아파트관리사무실 등)은 전유부분 표제부만을 둔다.

1동의 건물의 표제부

서울특별시 강남구 도곡동 100-1 　　　　　　　　　　　　　　　고유번호 ○○○○○○○○

【표제부】	(1동 건물의 표시)			
표시 번호	접수	소재지번, 건물명칭 및 번호	건물내역	등기원인 및 기타사항
1	2024년 10월 7일	서울특별시 강남구 도곡동 100-1 외 1필지 ○○아파트 제101동	철근콘크리트조 슬래브지붕 5층 아파트 1층 310.02m^2 2층 310.02m^2 3층 310.02m^2 4층 310.02m^2 5층 310.02m^2	도면편철장 제7책 제33면

(대지권의 목적인 토지의 표시)				
표시 번호	소재지번	지목	면적	등기원인 및 기타사항
1	1. 서울특별시 강남구 도곡동 100-1 2. 서울특별시 강남구 도곡동 100-2	대 대	5,000m^2 10,000m^2	2024년 10월 7일

기출정답

01 대지권의 목적인 토지의 표시
02 전유부분

구분건물의 표제부

【표제부】	(전유부분 건물의 표시)			
표시번호	접수	건물번호	건물내역	등기원인 및 기타사항
1	2024년 10월 7일	제1층 제101호	철근콘크리트조 51.67m²	도면편철장 제6책 제5면
	(대지권의 표시)			
표시번호	대지권 종류		대지권 비율	등기원인 및 기타사항
1	1.2 소유권 대지권		15,000분의 47	2024년 10월 7일 대지권 2024년 10월 7일

대지권 뜻의 등기(토지등기기록)

【갑구】	(소유권에 관한 사항)			
순위번호	등기목적	접수	등기원인	권리자 및 기타사항
1	소유권 보존	(생략)		(생략)
2	소유권 이전	(생략)	(생략)	(생략)
3	소유권 대지권	2024년 10월 7일 제5762호	2024년 10월 1일 매매	건물의 표시 서울특별시 강남구 도곡동 100-1 외 1필지 ○○아파트 2024년 10월 7일 등기

3. 폐쇄등기부

(1) 의의

폐쇄등기부란 일정한 폐쇄사유에 의하여 등기부를 전부 신등기부에 이기함으로써 폐쇄된 구등기부를 말한다. 이기할 때에는 현재 효력 있는 사항만 신등기부에 이기하게 된다.

(2) 폐쇄사유

① 부동산의 멸실등기를 하는 경우
② 토지의 합필, 건물의 합병
③ **건물의 구분**: 구분건물이 아닌 일반건물을 구분하여 구분건물로 한 경우
④ 소유권보존등기의 말소
✚ 단, 1동에 속하는 구분건물 중 일부만에 관하여 보존등기를 말소하는 경우에는 그 구분건물등기기록 전체를 폐쇄하지는 않는다.

(3) 효력

① 현재의 등기로서 효력은 없다(권리추정력도 없다).
② 잠재적 기능은 있으므로 폐쇄등기부에 대한 등기사항증명서의 교부와 열람 청구가 인정된다.

4. 기타 장부

(1) 접수장

① 접수장은 등기신청의 접수순서를 기록하여 놓은 장부를 말한다.
② 동일 부동산에 관하여 동시에 수 개의 신청이 있는 경우에는 동일한 접수번호를 기재한다.
③ 접수번호는 대법원예규에서 정하는 바에 따라 전국 모든 등기소를 통합하여 부여하되, 매년 새로 부여하여야 한다.

(2) 공동담보목록(공동전세목록) 편철장

① 공동담보목록이란 여러 개의 부동산에 관한 권리를 목적으로 하는 저당권 또는 전세권설정등기를 신청하는 경우에 그 부동산이 **5개 이상**이면 첨부한 공동담보목록을 접수번호의 순서에 의하여 편철하는 장부를 말한다.
② 등기관이 공동담보목록을 작성하며 공동담보목록은 등기기록의 일부로 본다.

(3) 등기부부본자료

① 등기관이 등기를 마쳤을 때에는 전산정보처리조직으로 등기부부본자료를 작성하여야 하며 등기부부본자료는 법원행정처장이 지정하는 장소에 보관하여야 한다.
② 등기부의 전부 또는 일부가 손상된 경우에 전산운영책임관은 등기부부본자료에 의하여 그 등기부를 복구하여야 한다.

(4) 도면편철장

(5) 신탁원부편철장

⚡ 기출

01 폐쇄한 등기기록에 대해서는 등기기록에 기록되어 있는 사항의 전부 또는 일부의 열람(閱覽)과 이를 증명하는 등기사항증명서의 발급을 청구할 수 ( ). 제32회

02 등기관은 동일한 채권에 관하여 여러 개의 부동산에 관한 권리를 목적으로 하는 저당권설정의 등기를 할 때에 부동산이 ( ) 이상일 때에는 공동담보목록을 작성하여야 한다. 제25·30회

기출정답
01 있다   **02** 5개

5. 장부의 보존 · 관리

(1) 장부의 보존

> **개념 PLUS | 장부의 보존기한**
>
> - **영구 보존장부**: 등기부, 폐쇄등기부, 신탁원부, 공동담보(전세)목록, 도면, 매매목록
> - **10년 보존장부**: 접수장, 결정원본 편철장, 이의신청서류 편철장, 사용자등록신청서류 등 편철장
> - **5년 보존장부**: 부동산등기신청서 접수장, 신청서 기타 부속서류 편철장, 신청서 기타 부속서류 송부부, 신청정보 및 첨부정보와 취하정보
> - **1년 보존장부**: 각종 통지부, 열람신청서류 편철장, 제증명신청서류 편철장
> - ✚ 신탁원부, 공동담보(전세)목록, 도면 및 매매목록은 보조기억장치(자기디스크, 자기테이프 그 밖에 이와 유사한 방법으로 일정한 등기사항을 기록·보관할 수 있는 전자적 정보저장매체를 말한다)에 저장하여 영구적으로 보존하여야 한다.

(2) 장부의 관리

① 등기부 등의 이동금지
  ㉠ 등기부와 그 부속서류는 전쟁·천재지변, 그 밖에 이에 준하는 사태를 피하기 위한 경우 외에는 그 장소 밖으로 옮기지 못한다.
  ㉡ 신청서나 그 밖의 부속서류
    ⓐ 등기관이 전쟁·천재지변 그 밖에 이에 준하는 사태를 피하기 위하여 신청서나 그 밖의 부속서류를 등기소 밖으로 옮긴 경우에는 지체없이 그 사실을 지방법원장 또는 지원장에게 보고하여야 한다.
    ⓑ 등기관이 법원으로부터 신청서나 그 밖의 부속서류의 송부명령 또는 촉탁을 받았을 때에는 그 명령 또는 촉탁과 관계가 있는 부분만 법원에 송부하여야 한다.

② 등기부의 손상과 복구
  ㉠ 의의: 등기부의 전부 또는 일부가 손상되거나 손상될 염려가 있을 때에는 대법원장은 등기부의 복구·손상방지 등 필요한 처분을 명령할 수 있다.
  ㉡ 등기부의 복구절차
    ⓐ 등기부의 전부 또는 일부가 손상되거나 손상될 염려가 있을 때에는 전산운영책임관은 지체 없이 처리방법을 법원행정처장에게 보고해야 한다.

⚡기출

01 등기부는 법관이 발부한 영장에 의하여 압수하는 경우에는 대법원규칙으로 정하는 보관·관리 장소 밖으로 옮길 수 ( ). 제33회

02 등기관이 등기기록의 전환을 위해 등기기록에 등기된 사항을 새로운 등기기록에 옮겨 기록한 때에는 종전 등기기록을 ( )해야 한다. 제33회

기출정답

01 없다 02 폐쇄

ⓑ 등기부의 전부 또는 일부가 손상된 경우에 전산운영책임관은 **등기부 부본자료**에 의하여 그 등기부를 복구하여야 한다(법원행정처장에게 보고).

ⓒ 등기부의 부속서류가 손상·멸실(滅失)의 염려가 있을 때에는 대법원장은 그 방지를 위하여 필요한 처분을 명령할 수 있다.

6. 등기부 등의 공개

(1) 등기사항의 열람과 증명

① **등기사항증명의 의의**: 등기사항증명이란 등기기록에 기록되어 있는 사항의 전부 또는 일부의 열람과 이를 증명하는 등기사항증명서의 발급을 청구하는 것으로 등기부 공개의 한 방법으로 신청인에게 발급되는 것을 말한다.

② **발급신청방법**
  ㉠ 출석신청
  ㉡ 무인발급기에 의한 등기사항증명
  ㉢ 인터넷에 의한 등기사항증명 등

③ **등기사항증명서의 발급방법**
  ㉠ 등기사항증명서를 발급할 때에는 등기사항증명서의 종류를 명시하고, 등기기록의 내용과 다름이 없음을 증명하는 내용의 증명문을 기록하여야 한다.
  ㉡ 신탁원부, 공동담보(전세)목록, 도면 또는 매매목록은 그 사항의 증명도 함께 신청하는 뜻의 표시가 있는 경우에만 등기사항증명서에 이를 포함하여 발급한다.
  ㉢ 구분건물에 대한 등기사항증명서의 발급에 관하여는 1동의 건물의 표제부와 해당 전유부분에 관한 등기기록을 1개의 등기기록으로 본다.

(2) 등기부 등의 열람

① **의의**: 등기사항증명 등이 등기부를 간접적으로 공개하는 데 반하여, 열람은 목적물을 직접 시각에 의하여 볼 수 있게 하는 것을 말한다.

② **열람의 방법**
  ㉠ 등기기록의 열람은 등기기록에 기록된 등기사항을 전자적 방법으로 그 내용을 보게 하거나 그 내용을 기록한 서면을 교부하는 방법으로 한다.
  ㉡ 신탁원부, 공동담보(전세)목록, 도면 또는 매매목록은 그 사항의 증명도 함께 신청하는 뜻의 표시가 있는 경우에만 이를 포함하여 열람한다.

ⓒ 신청서나 그 밖의 부속서류의 열람은 등기관 또는 그가 지정하는 직원이 보는 앞에서 하여야 한다. 다만, 인터넷을 이용하여 열람하는 경우 또는 등기소에 방문하여 전자문서를 열람하는 경우에는 등기기록에 기록된 등기사항을 전자적 방법으로 그 내용을 보게 하는 방법으로 한다.

(3) 인터넷에 의한 등기부의 열람 등

> **개념 PLUS | 인터넷에 의한 등기기록 열람 등(등기예규 제1806호)**
>
> 1. 인터넷으로 제공하는 서비스의 종류
>   - 등기기록의 열람
>   - 등기사항증명서의 발급
>   - **전자등기사항증명서 발급**: 민원인은 등기기록에 기록되어 있는 내용의 전부나 일부를 증명하는 등기사항증명서를 인터넷을 통하여 전자문서형태로 발급받을 수 있다.
>   - 등기신청사건 진행상태 확인
>   - 등기사건접수 및 처리사실 전자우편 고지
>   - 등기기록 발급 확인
>   - 인감증명서 발급예약
>
> 2. 신청에 관한 특칙
>   - 인터넷에 의한 등기기록의 열람 및 등기사항증명서의 발급예약의 경우에는 **신청서의 제출**을 요하지 아니한다.
>   - 신용카드의 결제, 예금계좌의 이체, 전자화폐의 결제 등으로 수수료의 결제가 끝난 경우에는 그 열람 및 등기사항증명서 발급신청 또는 인감증명서 발급예약 신청은 수수료를 결제한 **당일**에 한하여 **전부**에 대해서만 철회할 수 있다. 다만, 예약에 따라 등기소에서 **인감증명서 작성이 완료된 후**에는 당일에도 철회할 수 **없다**.
>
> 3. 신청사건이 계류 중인 경우
>   - 신청사건이 계류 중인 등기기록을 열람하고자 하는 경우에 그 사실을 알려준다.
>   - 위의 사항에도 불구하고 등기사항증명서는 발급하지 아니한다. 다만 그 등기기록에 등기신청사건이 접수되어 처리 중에 있다는 뜻을 등기사항증명서에 표시하여 발급할 수 있다.
>
> 4. 열람의 종류
>   - **등기사항전부증명서 형태의 열람**: 등기기록에 기록되어 있는 모든 내용을 볼 수 있다. 다만, 등기사항전부증명서(현재 유효사항) 형태의 열람에 있어서는 열람 당시 효력 있는 등기사항 및 그와 관련된 사항만을 볼 수 있다.
>   - **등기사항일부증명서 형태의 열람**: 부동산등기부의 경우 특정인 지분, 현재 소유현황, 지분취득이력 등 특정 부분의 내용만을 볼 수 있다.

⚡ 기출

01 인터넷을 통해 인감증명서 발급예약을 신청하고 신용카드로 수수료를 결제한 경우, 예약에 따라 등기소에서 인감증명서의 작성이 완료된 후에는 그 신청을 철회할 수 (   ). 제22회

기출정답

01 없다

5. **등기사항증명서의 발급에 관한 특칙**
   등기사항증명서의 발급은 등기사항전부증명서(말소사항 포함), 등기사항전부증명서(현재 유효사항), 등기사항일부증명서(특정인 지분), 등기사항일부증명서(현재 소유현황), 등기사항일부증명서(지분취득 이력)의 형태로 제공한다.

6. **등기사항증명서발급확인에 관한 특칙**
   타인으로부터 등기사항증명서를 교부받은 자는 인터넷으로 등기사항증명서의 진위 여부를 확인할 수 있다.

제3장 등기절차 총론

기본서 p.184~247

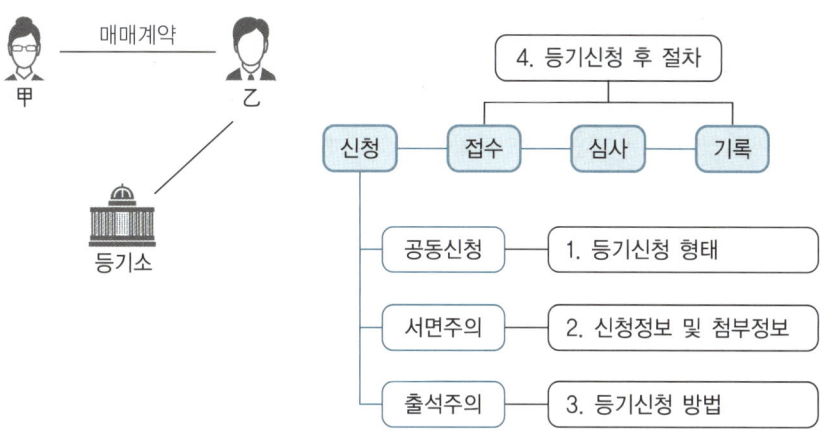

01 등기의 신청형태

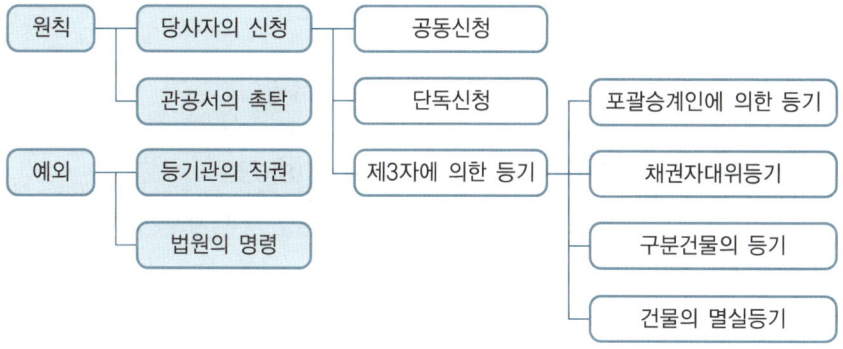

1. 신청주의의 원칙

(1) 당사자의 신청

법은 "등기는 당사자의 신청 또는 관공서의 촉탁에 따라 한다. 다만, 법률에 다른 규정이 있는 경우에는 그러하지 아니하다."라고 규정하여 임의신청주의를 원칙으로 한다.

(2) 관공서의 촉탁

① 촉탁에 의한 등기는 관공서가 거래의 주체, 공권력의 주체로서 하는 경우에 인정된다. 촉탁에 의한 등기의 절차에 대하여는 법률에 다른 규정이 있는 경우 외에는 신청에 따른 등기에 관한 규정을 준용한다.

> **법 제98조 【관공서의 촉탁에 따른 등기】** ① 국가 또는 지방자치단체가 등기권리자인 경우에는 국가 또는 지방자치단체는 등기의무자의 승낙을 받아 해당 등기를 지체 없이 등기소에 촉탁하여야 한다.
> ② 국가 또는 지방자치단체가 등기의무자인 경우에는 국가 또는 지방자치단체는 등기권리자의 청구에 따라 지체 없이 해당 등기를 등기소에 촉탁하여야 한다.

② 촉탁에 의한 등기
   ㉠ 체납처분으로 인한 압류의 등기 및 압류등기의 말소
   ㉡ 처분제한의 등기
   ㉢ 공매처분으로 인한 권리이전 등의 등기, 공매처분으로 소멸한 권리등기의 말소
   ㉣ 국·공유부동산에 관한 권리의 등기, 국·공유부동산에 관하여 취득한 권리의 등기
   ㉤ 주택임차권명령에 의한 등기
   ㉥ 토지수용의 주체가 관공서인 경우의 소유권이전등기

> **⭐ 개념 PLUS | 관공서의 촉탁등기(등기예규 제1810호)**
> 1. 등기촉탁을 할 수 있는 관공서의 범위는 국가 또는 지방자치단체로 한다.
> 2. 우편에 의한 등기촉탁이 가능하다.
> 3. 관공서는 촉탁에 의하지 아니하고 공동신청에 의하여 등기할 수 있다.
> 4. 관공서의 촉탁시 등기의무자의 권리에 관한 등기필정보를 첨부하지 아니한다.
> 5. 등기의무자의 주소를 증명하는 서면을 첨부하지 아니한다.
> 6. 관공서의 촉탁시 등기기록과 대장의 표시가 불일치하는 경우에도 촉탁을 수리한다.

⚡기출

01 관공서가 경매로 인하여 소유권이전등기를 촉탁하는 경우, 등기기록과 대장상의 부동산의 표시가 부합하지 않은 때에는 그 등기촉탁을 수리할 수 ( ). 제32회

02 등기의무자인 관공서가 등기권리자의 청구에 의하여 등기를 촉탁하는 경우, 등기의무자의 권리에 관한 등기필정보를 제공할 필요가 ( ). 제32회

기출정답
01 있다   02 없다

2. 신청주의의 예외 - 법률에 규정이 있는 경우

(1) 등기관의 직권에 의한 등기

구분	유형
직권보존등기	① 미등기부동산에 대한 집행법원의 처분제한등기 촉탁시(체납처분에 의한 압류는 제외) ② 미등기부동산에 대한 법원의 주택임차권명령등기 촉탁시
직권변경등기	① 소유권이전등기를 신청함에 있어서 주소증명서면에 의하여 주소변경의 사실이 명백한 경우의 등기명의인 표시변경등기 ② 행정구역 또는 그 명칭이 변경된 경우의 토지(건물)의 표시변경등기
직권경정등기	등기관의 잘못으로 등기의 착오 또는 빠뜨림이 있는 경우
직권말소등기	① 환매권 행사에 의한 권리취득등기 후의 환매특약의 말소등기 ② 수용으로 인한 소유권이전등기를 함에 있어 소유권 및 소유권 이외의 권리에 관한 등기의 말소등기 ③ 법 제29조 제1호·제2호 위반의 등기기록에 기록된 경우 ④ 가등기에 기한 본등기의 경우 양립불가능한 중간처분의 등기 ⑤ 말소등기시 말소할 권리를 목적으로 하는 제3자의 권리에 의한 등기
말소회복등기	직권말소등기가 부적법한 경우에 등기관이 직권으로 회복등기
대지권 뜻의 등기	① 대지권 발생시 대지권 뜻의 등기(토지등기기록의 해당구) ② 대지권 소멸시 대지권인 뜻의 등기의 말소등기
요역지의 지역권등기	승역지의 등기기록에 지역권등기를 한 경우에 요역지의 등기기록에 하는 지역권등기

(2) 법원의 명령에 의한 등기

02 등기의 신청

1. 등기신청행위

(1) 의의

등기신청은 일정한 자격이 있는 자(등기신청인)가 국가기관인 등기소에 대하여 일정한 내용의 등기를 요구하는 행위를 말한다(공법상의 행위).

(2) 등기신청행위의 유효요건

① 등기신청능력
  ㉠ 등기신청당사자는 의사능력을 가져야 한다.
  ㉡ 등기권리자는 법률상 이익을 얻을 뿐이므로 의사능력을 갖는 것으로 충분하나, 등기의무자는 등기함으로 권리를 상실하게 되므로 행위능력을 필요로 한다.
② 등기신청의 진의
③ 등기신청행위의 요식성

2. 등기신청적격(등기명의적격)

TIP
등기신청적격은 「민법」의 권리능력과 유사하며, 비법인사단 또는 재단도 등기신청적격을 인정한다.

(1) 등기신청적격의 의의

등기신청적격이란 등기신청절차에 있어서 당사자가 될 수 있는 자격, 즉 등기명의인이 될 수 있는 법률상의 자격을 말한다. 즉 등기절차상의 등기권리자·등기의무자가 될 수 있는 자격을 말한다.

(2) 등기신청적격의 인정 여부

① 자연인
  ㉠ 사람은 살아 있는 동안 권리·의무의 주체가 되므로, 의사무능력자나 행위무능력자도 등기신청의 당사자능력, 즉 등기신청적격이 인정된다. 따라서 자연인(외국인 포함)은 그 명의로 등기권리자나 등기의무자가 될 수 있다.
  ㉡ **태아**: 태아인 동안에 태아 명의로 등기할 수 없다.
② 법인
  ㉠ 법인은 「민법」상 권리능력이 인정(「민법」 제34조)되므로 공법인이든 사법인이든 모두 등기신청의 당사자능력이 인정된다.
  ㉡ 국가 및 지방자치단체는 공법인이므로 등기신청의 당사자능력이 인정된다. 그러므로 지방자치단체인 시·군·구 명의로는 등기할 수 있으나 **읍·면·동·리**의 명의로는 등기할 수 없다(동·리는 비법인사단으로는 등기할 수 있다).
  ㉢ **특별법상의 조합**(예 농업협동조합, 축산업협동조합)은 명칭은 조합이지만 법률에 의하여 법인으로 규정되어 있어 자체명의로 등기할 수 있다.

⚡기출
01 동(洞) 명의로 동민들이 (   )을 설립한 경우에는 그 대표자가 동 명의로 등기신청 할 수 있다.
제19회

기출정답
01 법인 아닌 사단

③ 학교
  ㉠ 학교는 하나의 시설물에 불과하므로 학교 자체의 명의로는 등기신청을 할 수 없다.
  ㉡ 국립학교는 국가의 명의로, 공립학교는 지방자치단체의 명의로, 사립학교는 그 학교를 설립·운영하는 재단법인 명의로는 등기신청을 할 수 있다.

④ 비법인사단 또는 재단
  ㉠ 종중, 문중, 그 밖에 대표자나 관리인이 있는 법인 아닌 사단이나 재단에 속하는 부동산의 등기에 관하여는 그 사단이나 재단을 등기권리자 또는 등기의무자로 한다.
  ㉡ 등기는 그 사단이나 재단의 명의로 그 대표자나 관리인이 신청한다.
  ㉢ 법인 아닌 사단 명의의 등기 허용 여부
    ⓐ '계' 명의의 등기: 계의 규약에 의해 그 실체가 법인 아닌 사단의 성격을 갖춘 경우 그 신청은 수리한다.
    ⓑ '동' 명의의 등기: 동민이 법인 아닌 사단을 구성하고 그 명칭이 행정구역인 동 명의와 동일한 경우 그 신청은 수리한다.

⑤ 「민법」상의 조합: 「민법」상 조합은 「민법」상의 계약에 불과하므로 등기신청의 당사자능력이 없다. 다만, 조합원 전원의 명의로 합유등기는 가능하다.

★ 암기 PLUS | 등기신청적격 인정 여부

등기신청적격의 인정	등기신청적격의 부정
• 자연인(외국인 포함) • 법인(국가, 지자체, 특별법상의 조합) • 권리능력 없는 사단·재단(종중, 문종, 종파, 정당, 교회, 사찰, 주무관청에서 인가를 취소당한 주택조합)	• 사자명의, 태아 • 「민법」상 조합(조합원 전원명의로 등기) • 읍·면·동·리, 학교

⚡기출

01 법인 아닌 사단은 그 사단의 명의로 (   )이 등기를 신청한다.
제26·28·29·31·32·34회

02 「민법」상 조합을 채무자로 표시하여 조합재산에 근저당권 설정등기를 할 수 (   ).
제28·32·36회

03 丙의 채무담보를 위하여 甲과 乙이 근저당권 설정계약을 체결한 경우, 丙은 근저당권설정등기신청에서 등기당사자적격이 (   ).
제24회

04 乙이 소유권이전등기신청에 협조하지 않는 경우, 甲은 乙에게 등기신청에 협조할 것을 소구(訴求)할 수 (   ).
제30회

기출정답
01 대표자나 관리인
02 없다 03 없다 04 있다

3. 등기신청의 당사자 (빈출)

(1) 공동신청주의(등기권리자 + 등기의무자)

① 의의: 법은 "등기는 법률에 다른 규정이 없는 경우에는 등기권리자와 등기의무자가 공동으로 신청한다."라고 하여 공동신청주의를 원칙으로 하고 있다.

② 등기권리자와 등기의무자의 구별(실체법상과 절차법상)

구분	등기권리자	등기의무자
실체법상	등기청구권을 행사하는 자	등기청구권에 협력의무자
절차법상	등기부의 기재형식상 권리의 취득 또는 이익자	등기부의 기재형식상 권리를 상실 또는 불이익자

✚ 절차법상의 등기권리자와 등기의무자, 실체법상의 등기권리자와 등기의무자가 반드시 일치하는 것은 아니다(등기인수청구권 행사시의 경우).

③ 절차법상 등기권리자와 등기의무자

구분	등기권리자	등기의무자
증여로 인한 소유권이전등기	수증자	증여자
환매특약등기	매도인	매수인
전세권변경(전세금 증액, 기간의 연장)	전세권자	전세권설정자
전세권변경(전세금 감액, 기간의 감축)	설정자	전세권자
전세권목적의 저당권설정등기	저당권자	전세권자
저당권이전등기	저당권의 양수인	저당권자
저당권이전등기 후의 말소등기	저당권설정자	저당권의 양수인
저당권설정 후 소유권이 이전된 경우 저당권말소등기	저당권설정자, 현재의 소유자	저당권자
채무자변경의 경우 저당권변경등기	저당권자	저당권설정자
가등기에 기한 본등기	가등기권자	원래의 가등기의무자
가등기의 말소등기	가등기의무자	가등기권자

TIP

최근 「부동산등기법」에서 출제비중이 높은 부분으로, 공동신청에서 등기권리자와 등기의무자의 구별, 단독신청의 종류, 대위등기 등을 주의하여야 한다.

⚡기출

01 근저당권설정등기 후 소유권이 제3자에게 이전된 경우, (   )가 근저당권자와 공동으로 그 근저당권말소등기를 신청할 수 있다. 제26·33회

02 채무자 甲에서 乙로 소유권이전등기가 이루어졌으나 甲의 채권자 丙이 등기원인이 사해행위임을 이유로 그 소유권이전등기의 말소판결을 받은 경우, 그 판결에 따른 등기에 있어서 등기권리자는 (   )이다. 제31회

03 부동산이 甲 ⇨ 乙 ⇨ 丙으로 매도되었으나 등기명의가 甲에게 남아 있어 丙이 乙을 대위등기를 신청하는 경우, 절차법상 등기권리자는 (   )이 된다. 제30회

04 채무자 변경을 원인으로 하는 저당권변경등기는 저당권자를 (   )로, 저당권설정자를 (   )로 하여 공동으로 신청한다. 제29회

기출정답

01 제3취득자 또는 근저당권설정자 02 甲 03 乙
04 등기권리자, 등기의무자

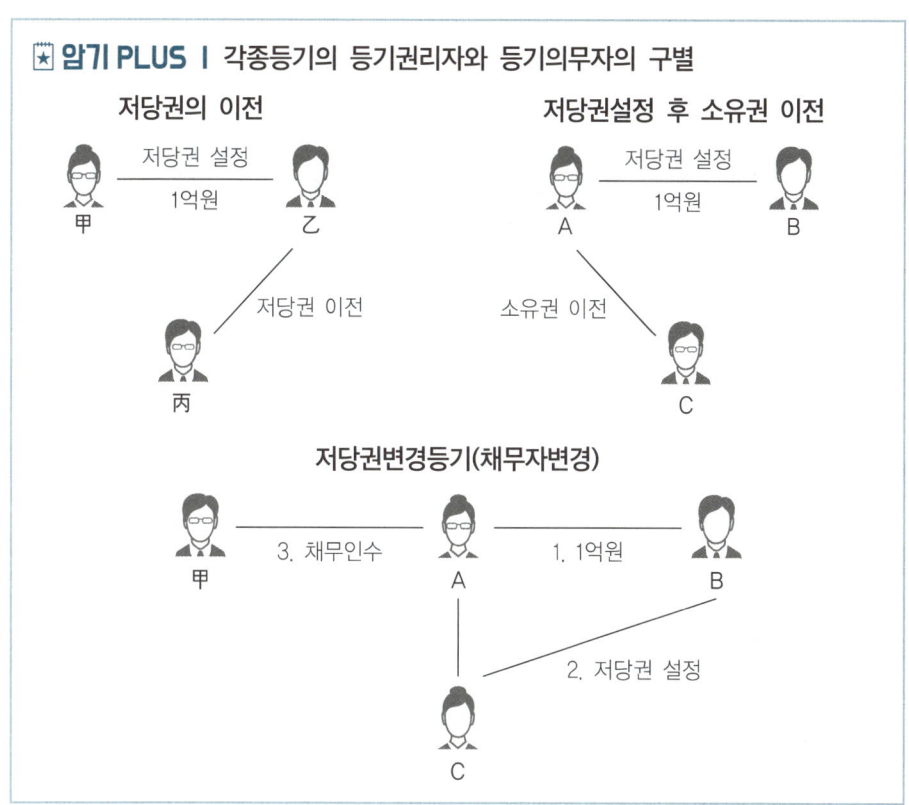

(2) 단독신청의 특례

① 당사자가 1인만 존재하는 등기
   ㉠ 소유권보존등기, 소유권보존등기의 말소등기
   ㉡ 상속등기, 회사합병등기(유증등기, 상속인에 의한 등기는 공동신청)

② 단순한 표시의 등기
   ㉠ 등기명의인의 표시 변경·경정등기
   ㉡ 토지(건물)표시 변경·경정등기
   ㉢ 멸실등기

③ 등기의 진정성 보장
   ㉠ 등기절차의 이행 또는 인수를 명하는 판결에 의한 등기는 승소한 등기권리자 또는 등기의무자가 단독으로 신청하고, 공유물을 분할하는 판결에 의한 등기는 등기권리자 또는 등기의무자가 단독으로 신청한다.
   ㉡ 토지수용에 의한 소유권이전등기(관공서가 수용한 경우에는 촉탁등기)

④ 말소등기(원칙은 공동신청)
　㉠ **사망으로 인한 권리의 소멸**: 등기한 권리가 어느 사람의 사망으로 인하여 소멸한 경우에 신청서에 그 사망을 증명하는 시·구·읍·면의 장의 서면이나 공정증서를 첨부한 경우에 등기권리자가 단독으로 등기의 말소를 신청할 수 있다.
　㉡ **등기의무자의 소재불명**
　　ⓐ 등기권리자가 등기의무자의 소재불명으로 인하여 공동으로 등기의 말소를 신청할 수 없을 때에는 「민사소송법」에 따라 공시최고를 신청할 수 있다.
　　ⓑ 위 ⓐ의 경우에 제권판결이 있으면 등기권리자가 단독으로 말소를 신청할 수 있다.
⑤ **가등기의 신청**
　㉠ 가등기의무자의 승낙서 또는 가등기가처분명령정본에 의해서 가등기권자가 단독으로 가등기를 신청할 수 있다.
　㉡ 가등기의 말소는 가등기명의인이 단독으로 신청할 수 있다.
　㉢ 신청정보에 가등기명의인의 승낙서 또는 이에 대항할 수 있는 재판의 등본을 첨부한 경우에는 등기상의 이해관계인이 가등기의 말소를 신청할 수 있다.
⑥ **규약상 공용부분 뜻의 등기**
　㉠ 신청정보에 그 뜻을 정한 규약이나 공정증서를 첨부하여 종전의 소유권의 등기명의인이 신청하여야 한다.
　㉡ 규약상 공용부분에서 공용부분이라는 규약을 폐지할 경우에는 공용부분의 취득자는 지체 없이 소유권보존등기를 신청하여야 한다.

(3) 판결에 의한 등기(등기예규 제1786호)

① **법 제23조 제4항 판결의 요건**
　㉠ **이행판결**: 위의 판결은 등기신청절차의 이행을 명하는 이행판결이어야 하며, 주문의 형태는 "○○○등기절차를 이행하라."와 같이 등기신청 의사를 진술하는 것이어야 한다. 다만 공유물분할판결의 경우에는 예외로 한다.

⚡기출

01 등기의 말소를 공동으로 신청해야 하는 경우, 등기의무자의 소재불명으로 (　　)을 받으면 등기권리자는 그 사실을 증명하여 단독으로 등기의 말소를 신청할 수 있다. 제28·31회

02 공동신청이 요구되는 등기라 하더라도 다른 일방의 의사표시를 명하는 (　　)이 있는 경우에는 단독으로 등기를 신청할 수 있다. 제28회

기출정답
01 제권판결　02 이행판결

> **개념 PLUS | 등기신청할 수 없는 판결의 예시**
>
> 1. 근저당권설정등기를 명하는 판결주문에 필수적 기재사항인 채권최고액이나 채무자가 명시되지 아니한 경우
> 2. 전세권설정등기를 명하는 판결주문에 필수적 기재사항인 전세금이나 전세권의 목적인 범위가 명시되지 아니한 경우

   ⓒ **확정판결**: 위의 판결은 **확정판결**이어야 한다. 따라서 확정되지 아니한 가집행선고가 붙은 판결에 의해 등기를 신청한 경우에 등기관은 그 신청을 각하하여야 한다.

   ⓒ **판결에 준하는 집행권원**

     ⓐ 화해조서·인낙조서, 화해권고결정, 민사조정조서·조정에 갈음하는 결정 등도 그 내용에 등기의무자의 등기신청에 관한 의사표시의 기재가 있는 경우에는 등기권리자가 단독으로 등기를 신청할 수 있다.

     ⓑ **공증인 작성의 공정증서**는 부동산에 관한 등기신청의무를 이행하기로 하는 조항이 기재되어 있어도 공정증서에 의하여 단독으로 등기를 신청할 수 없다.

     ⓒ 가처분결정에 등기절차의 이행을 명하는 조항이 기재되어 있어도 등기권리자는 이 가처분결정 등에 의하여 단독으로 등기를 신청할 수 없다. 다만, 가등기권자는 가등기가처분명령을 등기원인증서로 단독으로 가등기를 신청할 수 있다.

   ⓔ **판결의 확정시기**: 등기절차의 이행을 명하는 확정판결을 받았다면 그 확정시기에 관계없이, 즉 확정 후 **10년**이 경과하였다 하더라도 그 판결에 의한 등기신청을 할 수 있다.

 ② **신청인**

   ⓙ **승소한 등기권리자 또는 승소한 등기의무자**

     ⓐ 승소한 등기권리자 또는 승소한 등기의무자는 단독으로 등기신청을 할 수 있다.

     ⓑ 패소한 등기의무자는 그 판결에 기하여 직접 등기권리자 명의의 등기신청을 하거나 승소한 등기권리자를 대위하여 등기신청을 할 수 없다.

   ⓛ **공유물분할판결**: 공유물분할판결이 확정되면 그 소송 당사자는 원·피고인지 여부에 관계없이 그 확정판결을 첨부하여 등기권리자 또는 등기의무자 단독으로 공유물분할을 원인으로 한 지분이전등기를 신청할 수 있다.

⚡기출

01 등기절차의 이행을 명하는 판결이 확정된 후, ( )이 지난 경우에도 그 판결에 의한 등기신청을 할 수 있다. 제24·26회

기출정답

01 10년

③ 등기원인과 그 연월일
  ㉠ **이행판결**: 그 판결주문에 명시된 등기원인과 그 연월일을 등기신청정보에 기재한다. 다만 명시되지 아니한 경우 등기신청정보에 등기원인은 '확정판결'로, 그 연월일은 '판결선고일'을 기재한다.
  ㉡ **형성판결**: 권리변경의 원인이 판결 자체, 즉 형성판결인 경우 등기신청정보에 등기원인은 '판결에서 행한 형성처분'을 기재, 그 연월일은 '판결확정일'을 기재한다.

④ 첨부정보
  ㉠ **판결정본 및 확정증명서와 송달증명서**: 판결에 의한 등기를 신청함에 있어 등기원인증서로서 판결정본과 확정증명서를 첨부하여야 한다(송달증명서는 첨부하지 않는다).
  ㉡ **집행문**: 원칙적으로 집행문의 첨부를 요하지 않는다.

4. 제3자에 의한 등기신청

(1) 포괄승계인(상속인)에 의한 등기

① **의의**: 등기원인이 이미 존재하고 있으나 그에 따른 등기신청을 하지 못한 상태에서 상속이 개시된 경우 등기권리자(등기의무자)의 상속인이 피상속인에 갈음하여 행하는 등기신청을 말한다.
② **첨부정보**: 신청인이 상속인인 경우 신청정보에 상속인임을 증명하는 시·구·읍·면장의 서면 또는 이를 증명할 수 있는 서면을 첨부하여야 한다(예 가족관계등록부, 제적등·초본).
③ **등기실행**: 피상속인으로부터 그 상대방에게 직접 등기를 경료하며 별도의 상속등기는 요하지 아니한다.
④ 상속등기와 포괄승계인(상속인)에 의한 등기의 구별

⚡ **기출**

01 甲이 그 소유 부동산을 乙에게 매도하고 사망한 경우, 甲의 단독상속인 丙은 등기의무자로서 甲과 乙의 매매를 원인으로 하여 甲으로부터 乙로의 이전등기를 신청할 수 ( ). 제29·31·33회

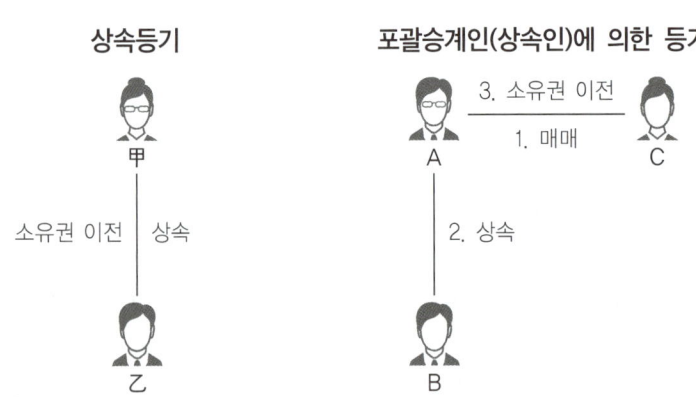

기출정답
01 있다

구분	등기원인	신청형태	등기원인정보	등기필정보
상속등기	상속	단독신청	가족관계 등록부 등	첨부 ×
포괄승계인에 의한 등기	법률행위	공동신청	계약서	첨부 ○

(2) 대위등기신청

① **채권자대위권에 의한 등기**

  ㉠ **의의**: 채권자가 자기의 채권을 보전하기 위하여 채무자가 가지는 등기신청권을 **자기의 이름으로** 행사하여 **채무자 명의의 등기**를 신청하는 것을 말한다.

  ㉡ **대위등기의 대상**: 채권자의 대위신청은 채무자에게 유리하거나 권리에 영향이 없는 등기에 한하며, 채무자가 등기의무자로서 신청할 등기는 대위신청할 수 없다.

  ㉢ **대위신청의 절차**

    ⓐ **신청인**: 채무자가 단독으로 신청할 수 있는 등기는 채권자가 단독으로, 채무자와 제3자의 공동신청으로 행하여질 등기는 제3자와 공동으로 신청하여야 한다.

    ⓑ **첨부정보**: 신청정보에 채권자와 채무자의 성명, 주소와 대위원인을 적고 대위원인을 증명하는 정보를 첨부하여야 한다(매매계약서, 차용증 등의 사서증서도 가능).

  ㉣ 대위채권자의 채권자도 대위하여 신청할 수 있다(중첩적 행사).

  ㉤ **등기완료 후의 절차**

    ⓐ 채권자대위 등기신청이 있는 경우에 있어서 표제부에 등기를 함에는 채권자의 성명 또는 명칭, 주소 또는 사무소 및 대위원인을 기록하여야 한다.

    ⓑ 채권자대위등기를 하는 경우에는 대위채권자에게 등기필정보의 통지를 요하지 않으며 채무자에게 등기완료통지서를 송부한다.

② **구분건물소유자의 표시에 관한 사항의 대위신청**: 1동의 건물에 속하는 구분건물 중의 일부만에 관하여 소유권보존등기를 신청하는 경우에 구분건물의 소유자는 1동의 건물에 속하는 다른 구분건물의 소유자를 대위하여 그 건물의 **표시에 관한 등기**를 신청할 수 있다.

⚡ 기출

01 甲 ⇨ 乙 ⇨ 丙 순으로 소유권이전등기가 된 상태에서 甲이 乙과 丙을 상대로 원인무효에 따른 말소판결을 얻은 경우, 甲이 확정판결에 의해 丙 명의의 등기의 말소를 신청할 때에는 ( )을 대위하여 신청하여야 한다.
제23회

02 1동의 건물에 속하는 구분건물 중 일부만에 관하여 소유권보존등기를 신청하는 경우에는 나머지 구분건물의 ( )를 대위신청할 수 있다.
제26·33·34회

기출정답
01 乙
02 표시에 관한 등기

⚡ **기출**

01 멸실된 건물의 소유자인 등기명의인이 멸실 후 (   ) 이내에 그 건물의 멸실등기를 신청하지 않는 경우, 그 건물대지의 소유자가 대위하여 멸실등기를 신청할 수 있다. 제27·33회

02 갑이 을에게 X부동산을 매도하였다면, 쌍무계약에 의한 소유권이전등기신청은 (   )된 날로부터 60일 이내에 신청하여야 한다. 제20·25회

③ **건물의 멸실등기(대지소유자가 건물소유자가 다른 경우)**: 건물이 멸실된 경우에 그 소유권의 등기명의인이 1개월 이내에 그 등기를 신청하지 아니하면 그 건물대지의 소유자가 대위하여 그 등기를 신청할 수 있다.

> ★ **개념 PLUS** | 대지권의 변경이나 소멸
>
> 구분건물로서 그 대지권의 변경이나 소멸이 있는 경우에는 구분건물의 소유권의 등기명의인은 1동의 건물에 속하는 다른 구분건물의 소유권의 등기명의인을 대위하여 그 등기를 신청할 수 있다(법 제41조 제3항).

④ 토지수용에 의한 등기신청시 대위신청
⑤ 신탁에 의한 대위신청

(3) 대리인에 의한 신청

① 등기는 본인뿐만 아니라 임의대리인이나 법정대리인이 신청할 수 있다.
② **자기계약 및 쌍방대리가 가능**: 「민법」 제124조는 자기계약 및 쌍방대리를 금지하고 있으나, 등기신청은 채무의 이행에 준하는 것이므로 자기계약 및 쌍방대리가 가능하다.
③ **대리권존속기간**: 등기신청의 대리권은 그 신청행위의 종료시까지(등기관이 신청정보를 접수할 때까지) 있으면 족하고, 등기가 완료될 때까지 있을 필요는 없다.

(4) 등기신청의무

구분		내용
「부동산 등기법」		**토지표시변경등기·멸실등기**: 토지의 분합, 멸실, 면적의 증감 또는 지목의 변경이 있을 때에는 그 토지소유자는 **1개월 이내**에 그 등기를 신청
		건물표시변경등기·멸실등기: 건물대지의 지번 변경 또는 대지권의 변경이나 소멸이 있을 때에도 그 건물소유자는 **1개월 이내**에 등기를 신청
「부동산등기 특별조치법」	소유권 이전등기	쌍무계약의 경우에 반대급부의 이행이 완료된 날로부터, 편무계약의 경우에 그 계약의 효력이 발생한 날로부터 **60일 이내**에 소유권이전등기를 신청
	소유권 보존등기	등기를 신청할 수 있음에도 하지 아니한 채 계약을 체결한 경우에는 그 계약을 체결한 날로부터, 계약을 체결한 후에 등기를 신청할 수 있게 된 경우에는 등기를 신청할 수 있게 된 날로부터 **60일 이내**에 신청

기출정답
01 1개월
02 반대급부의 이행이 완료

03 신청정보 및 첨부정보 (빈출)

1. 등기신청정보

(1) 서면신청주의

(2) 신청정보의 작성방법

① **1건 1신청정보주의 원칙**: 등기는 1개의 부동산에 관하여 등기원인, 등기목적, 당사자별로 별개의 신청정보로써 신청을 하는 것을 원칙으로 한다.

② **일괄신청**: 등기목적과 등기원인이 동일하거나 그 밖에 대법원규칙으로 정하는 경우에는 여러 개의 부동산에 관한 신청정보를 일괄하여 제공하는 방법으로 할 수 있다.🔢

✚ 같은 채권의 담보를 위하여 소유자가 다른 여러 개의 부동산에 대한 저당권설정등기를 신청하는 경우

> **📒 개념 PLUS | 일괄신청 관련 특례**
>
> **1. 관련 사건의 관할에 관한 특례**
> ① 관련 사건에 따라 등기신청을 하는 경우에는 신청정보에서 규정하는 사항 외에 관련 사건에 관한 등기신청임을 신청정보의 내용으로 등기소에 제공하여야 한다.
> ② 관련 사건에 따라 등기신청을 할 때에는 여러 개의 부동산에 관한 신청정보를 일괄하여 제공하는 방법으로 제공하여야 한다.
> ③ 관련 사건에 따라 공동저당의 등기를 신청하는 경우에는 해당 부동산 전부에 관한 사항을 신청정보의 내용으로 등기소에 제공하여야 한다.
>
> **2. 상속 · 유증 사건의 관할에 관한 특례**
> 상속 · 유증 사건에 따라 등기신청을 하는 경우에는 신청정보에서 규정하는 사항 외에 상속 · 유증 사건에 관한 등기신청임을 신청정보의 내용으로 등기소에 제공하여야 한다.

③ 신청서가 여러 장일 때에는 신청인은 간인을 하여야 한다. 그러나 등기권리자 또는 등기의무자가 다수인 때에는 그중 1인이 간인하는 방법으로 한다.

④ 신청서를 정정하는 경우에는 등기권리자와 등기의무자 전원이 정정인을 날인한다.

> **📒 개념 PLUS | 신청서 등의 문자**
>
> 1. 신청서, 그 밖의 등기에 관한 서면을 작성할 때에는 자획(字劃)을 분명히 하여야 한다.
> 2. 서면에 적은 문자의 정정, 삽입 또는 삭제를 한 경우에는 그 글자 수를 난외(欄外)에 적으며 문자의 앞뒤에 괄호를 붙이고 이에 날인 또는 서명하여야 한다. 이 경우 삭제한 문자는 해독할 수 있게 글자체를 남겨두어야 한다.

🔢 비교
공유자 甲과 乙이 丙과 丁에게 권리를 이전하는 경우는 일괄신청이 허용되지 아니한다.

⚡기출

01 같은 채권의 담보를 위하여 소유자가 다른 여러 개의 부동산에 대한 저당권설정등기를 신청하는 경우, 1건의 신청정보로 일괄하여 신청할 수 ( ). 제29회

02 신청서에 간인을 하는 경우, 등기권리자가 여러 명이고 등기의무자가 1명일 때에는 등기권리자 중 ( )과 등기의무자가 간인하는 방법으로 한다. 제29회

기출정답
01 있다   02 1명

(3) 신청정보의 필요적 기재사항

① 부동산의 표시
② 신청인의 성명 또는 명칭과 주소
  ㉠ 등기권리자의 성명 또는 명칭을 적을 때에는 등기권리자의 주민등록번호를 함께 기재(등기권리자에게 주민등록번호가 없을 경우 부동산등기용 등록번호).
  ㉡ 법인 아닌 사단이나 재단의 명칭, 사무소, 부동산등기용등록번호와 대표자나 관리인의 성명과 주소 외에 그의 주민등록번호를 기재
  ㉢ 대리인이 등기를 신청할 때에는 대리인의 성명, 주소
  ㉣ **등기권리자가 2인 이상인 경우**: 공유인 경우에 그 **지분**(**합유**인 경우에는 그 **뜻**)을 기록
③ 등기원인과 그 연월일[1]
④ 등기의 목적
⑤ 등기소의 표시
⑥ 신청정보제출 연월일
⑦ 매매계약서를 등기원인정보로 하여 소유권이전등기를 신청하는 경우에 거래가액
⑧ 등록세 등 등기신청과 관련하여 납부하여야 할 세액 및 그 과세표준액

(4) 신청정보의 임의적 기재사항

① 임의적 기재사항은 기재의 여부가 당사자의 의사에 맡겨져 있는 사항을 말한다.
② 등기원인정보에 임의적 기재사항이 기재되어 있으면 신청정보에도 이를 기재하여야 한다. 따라서 등기원인정보에는 기재되어 있으나, 신청정보에 기재하지 않으면 법 제29조 제5호에 해당하여 각하하여야 한다.
③ 임의적 기재사항의 예
  ㉠ 환매특약의 등기를 신청하는 경우에 환매기간을 약정하면 환매기간
  ㉡ 등기의 목적인 권리의 소멸에 관한 약정이 있을 때에는 그 약정사항
  ㉢ 공유물불분할 특약, 각종 등기의 존속기간 등

⚡기출

01 매매를 원인으로 한 토지소유권이전등기를 신청하는 경우에 신청인이 법인인 경우에 그 대표자의 주민등록번호는 기록( ). 제33회

[1] 소유권보존등기는 등기원인과 연월일을 기록하지 아니한다.

기출정답
01 하지 아니한다

소유권이전등기 신청정보의 양식

소유권이전등기신청(매매)

접수	년 월 일 제 호	처리인	등기관 확인	각종 통지

부동산의 표시
1동의 건물의 표시 　　서울특별시 서초구 서초동 100 　　서울특별시 서초구 서초동 101　　샛별아파트 가동 　　[도로명주소] 서울특별시 서초구 서초대로 88길 10 전유부분의 건물의 표시 　　건물의 번호　1-101 　　구　　　조　철근콘크리트조 　　면　　　적　1층 101호 86.03m² 대지권의 표시 　　토지의 표시 　　　　1. 서울특별시 서초구 서초동 100　　　대 1,400m² 　　　　2. 서울특별시 서초구 서초동 101　　　대 1,600m² 　　대지권의 종류　 소유권 　　대지권의 비율 1, 2: 3,000분의 500 거래신고일련번호: 12345-2006-4-1234560　　　거래가액: 350,000,000원 　　　　　　　　　　　　　　이　　　　　　　상

등기원인과 그 연월일	2024년 1월 2일 매매
등기의 목적	소유권 이전
이전할 지분	

구분	성명 (상호·명칭)	주민등록번호 (등기용등록번호)	주소(소재지)	지분(개인별)
등기의무자	이대백	XXXXXX-XXXXXXX	서울특별시 서초구 서초대로 88길 20 (서초동)	
등기권리자	김갑동	XXXXXX-XXXXXXX	서울특별시 서초구 서초대로 88길 10, 가동 101호(서초동, 샛별아파트)	

시가표준액 및 국민주택채권매입금액		
부동산 표시	부동산별 시가표준액	부동산별 국민주택채권매입금액
1. 주택	금 ○○,○○○,○○○ 원	금 ○○○,○○○ 원
2.	금 원	금 원
3.	금 원	금 원
국민주택채권매입총액	금 ○○○,○○○원	
국민주택채권발행번호	○○○	

취득세(등록면허세)	금 ○○○,○○○ 원	지방교육세	금 ○○,○○○ 원
		농어촌특별세	금 ○○,○○○ 원
세액합계	금 ○○○,○○○ 원		

등기신청 수수료	금 15,000 원
	납부번호: ○○ - ○○ - ○○○○○○○○ - ○
	일괄납부: 건 원

등기의무자의 등기필정보

부동산고유번호	1102 - 2006 - 002095	
성명(명칭)	일련번호	비밀번호
이대백	Q77C - LO71 - 35J5	40 - 4636

첨부서면

- 매매계약서   1통
- 취득세(등록면허세)영수필확인서   1통
- 등기신청수수료 영수필확인서   1통
- ~~등기필증~~   ~~1통~~
- ~~매매목록~~   ~~통~~
- ~~위임장~~   ~~통~~
- 토지대장등본   2통
- 집합건축물대장등본   1통
- 주민등록표등(초)본   각 1통
- 부동산거래계약신고필증   1통
- 인감증명서 또는 본인서명사실확인서 1통

<기 타>

2024년 1월 2일

위 신청인   이 대 백 ㊞ (전화: 200 - 7766)
             김 갑 동 ㊞ (전화: 300 - 7766)
(또는) 위 대리인   (전화:)

서울중앙 지방법원   등기국 귀중

- 신청서 작성요령 -

*1. 부동산표시란에 2개 이상의 부동산을 기재하는 경우에는 부동산의 일련번호를 기재하여야 합니다.
 2. 신청인란 등 해당란에 기재할 여백이 없을 경우에는 별지를 이용합니다.
 3. 담당 등기관이 판단하여 위의 첨부서면 외에 추가적인 서면을 요구할 수 있습니다.

2. 등기원인을 증명하는 정보

(1) 의의 및 첨부이유

등기할 권리변동의 원인인 법률행위 또는 기타 법률사실의 성립을 증명하는 정보를 말한다(부진정한 등기의 신청을 예방하기 위해서이다).

(2) 각종 등기원인정보의 유형

등기원인정보 ○	• 소유권이전등기: 매매계약서, 공유물분할협의서 • 각종 권리의 설정등기: 각종 계약서 • 판결: 판결 정본 • 그 외: 수용(협의성립확인서, 재결서), 상속등기(가족관계등록부, 유언장, 상속재산분할협의서), 주민등록등본, 대장등본 등
등기원인정보 ×	아파트 분양계약사실증명원

(3) 검인계약서

① **의의**: 「부동산등기 특별조치법」은 **계약**을 원인으로 하는 **소유권이전등기신청**의 경우에 일정한 기간 내에 이를 하여야 하며, 이 경우에 부동산의 소재지를 관할하는 시장·군수·구청장 또는 그 권한을 위임받은 자의 검인을 받은 계약서를 제출하고 있다.

② **검인의 대상 여부**
  ㉠ 계약을 원인으로 하는 소유권이전등기를 신청하는 때에는 계약의 종류를 불문하고 검인을 받아야 한다.
  ㉡ 공유물분할계약서 또는 명의신탁해지약정서 등을 원인정보로 하여 소유권이전등기를 신청하는 경우에는 검인대상이다.
  ㉢ 목적 부동산이 미등기인지, 무허가인지는 불문한다.
  ㉣ 소유권이전등기를 신청하는 경우 원인정보가 집행력이 있는 **판결서** 또는 **판결과 같은 효력을 갖는 조서** 등인 경우에도 그 판결서나 조서에 **검인을 받아야 한다**.

③ **검인의 대상이 아닌 경우**
  ㉠ 등기원인이 계약이 아닌 경매, 상속, 시효취득, 수용 등의 경우
  ㉡ 전세권·저당권설정등기, 계약의 해제로 인한 소유권이전등기의 말소등기 등을 신청하는 경우

ⓒ 소유권이전청구권보전가등기의 경우
ⓓ 계약의 일방당사자가 국가 또는 지방자치단체인 경우
ⓔ 토지거래허가지역에 허가증을 교부받은 경우
ⓕ 부동산거래신고필증이 제출된 경우

④ **심사권의 범위(형식적 심사)**: 시장, 군수, 구청장은 계약서 또는 판결서 등의 형식적 요건의 구비 여부만 확인한다.

3. 거래신고필증과 매매목록

(1) 의의

매매에 관한 거래계약서를 등기원인정보로 하여 소유권이전등기를 신청하는 경우에는 부동산거래신고를 한 후 시·군·구청장으로부터 교부받은 거래신고 필증을 첨부하여야 하고, 일정한 경우에는 매매목록을 함께 제출하여야 한다.

(2) 거래가액등기의 대상(등기예규 제1804호)

① 거래가액은 2006년 1월 1일 이후 작성된 매매계약서를 등기원인정보로 하여 소유권이전등기를 신청하는 경우이다.
② 소유권이전청구권가등기에 의한 본등기를 신청하는 경우: 매매계약을 원인으로 한 소유권이전청구권가등기에 의한 본등기를 신청하는 때에는 매매계약서를 등기원인정보로 첨부하지 않는다 하더라도 거래가액을 등기한다.

(3) 신청정보의 기재사항 및 첨부서면 등

거래가액등기의 대상이 되는 소유권이전등기를 신청하는 경우에는, 신청정보에는 관할관청이 확인한 거래신고관리번호와 거래가액을 적고 신고필증과 매매목록을 첨부하여야 한다.

① **신고필증**: 신고필증에는 거래신고관리번호, 거래당사자, 거래가액, 목적부동산이 표시되어 있어야 한다.
② **매매목록**: 매매목록에는 거래가액 및 목적부동산을 기록한다.

> ⭐ **암기 PLUS | 매매목록의 제출이 필요한 경우**
> 1. 1개의 신고필증에 2개 이상의 부동산이 기재되어 있는 경우
> 2. 신고필증에 부동산이 1개라 하더라도 수인과 수인 사이의 매매인 경우

⚡기출

01 거래가액을 신청정보의 내용으로 제공하는 경우, 1개의 부동산에 관한 여러 명의 매도인과 여러 명의 매수인 사이의 매매계약인 때에는 ( )을 첨부정보로 제공하여야 한다. 제32·33회

02 등기관은 거래가액을 등기기록 중 갑구의 ( )에 기록하는 방법으로 등기한다. 제33회

기출정답
01 매매목록
02 권리자 및 기타사항란

(4) 거래가액의 등기부에의 기록(규칙 제125조)

① **매매목록의 제출이 필요없는 경우**: 등기부 중 갑구의 권리자 및 기타사항란에 거래가액을 기록한다.

② **매매목록이 제출된 경우**: 신청서에 첨부된 매매목록을 전자적으로 작성하여 번호를 부여하고 등기부 중 갑구의 권리자 및 기타사항란에는 그 매매목록의 번호를 기록한다(매매목록에는 목록번호, 거래가액, 부동산의 일련번호, 부동산의 표시, 순위번호, 등기원인을 전자적으로 기록).

4. 등기의무자의 권리에 관한 등기필정보

(1) 의의

등기필정보란 등기의무자인 현재의 등기명의인이 과거에 등기권리자로서 권리에 관한 등기를 신청할 때 등기소가 등기를 완료한 후 등기필의 뜻을 기재하여 등기의무자에게 작성·교부한 등기완료증명서를 말한다.

(2) 등기필정보의 첨부를 요하지 않는 경우

① **등기의무자가 존재하지 않는 경우**: 소유권보존등기, 상속등기 등
② **단순한 표시의 등기**
　㉠ 등기명의인표시 변경·경정등기
　㉡ 토지(건물)표시 변경·경정등기
　㉢ 멸실등기 등
③ **등기의 진정성 보장**
　㉠ 판결에 의한 등기
　　ⓐ 등기원인정보가 집행력 있는 판결서인 때에는 등기필정보를 첨부할 필요가 없다.
　　ⓑ 승소한 등기권리자가 단독으로 판결에 의하여 등기를 신청하는 경우에는 등기의무자의 등기필정보를 첨부할 필요가 없다. 다만 승소한 등기의무자가 단독으로 등기를 신청할 때에는 그의 등기필정보를 첨부하여야 한다.
　㉡ 관공서의 촉탁에 의한 등기
④ **기타**: 환매등기를 신청하는 경우

TIP
전산정보처리조직에 따라 등기를 마친 경우에 등기관은 '등기필정보'의 통지로 등기필증의 교부를 대신할 수 있다.

⚡기출
01 유증을 원인으로 하는 소유권이전등기를 신청할 경우, 등기필정보를 첨부할 필요가 (　　). 제20회

02 승소한 (　　)가 단독으로 권리에 관한 등기를 신청하는 경우, 그의 등기필정보를 등기소에 제공해야 한다. 제30·35·36회

기출정답
01 있다　02 등기의무자

암기 PLUS | 등기필정보의 첨부 여부

구분	등기필정보를 첨부 ×	등기필정보를 첨부 ○
등기의무자가 부존재	• 소유권보존등기 • 상속등기	• 상속인에 의한 등기신청 • 유증에 의한 등기신청
표시의 등기	• 등기명의인 표시변경·경정 등기 • 토지(건물) 표시변경·경정 등기 • 멸실등기	
판결	승소한 등기권리자가 판결에 의해서 단독으로 등기신청시	승소한 등기의무자가 판결에 의하여 단독으로 등기신청시
관공서의 촉탁등기	경매, 공매, 수용으로 등기신청시	
기타	환매특약등기신청시	

(3) 등기필정보를 멸실한 경우[1]

① **등기의무자 또는 법정대리인의 직접출석**: 등기의무자의 권리에 관한 등기필정보 또는 등기완료의 통지서가 멸실된 경우에는 등기의무자 또는 그 법정대리인이 등기소에 **직접출석**하여 확인조서를 작성할 수 있다.

② **대리인의 위임확인서면**: 위임에 의한 대리인(**변호사나 법무사**에 한한다)이 신청정보상의 등기의무자 또는 그 법정대리인으로부터 위임받았음을 확인하는 서면 1통을 신청서에 첨부하여 등기를 신청한다.

③ **공증서 부본의 제출**

㉠ 신청정보 중 등기의무자의 작성부분에 관하여 **공증**을 받고 그 부본 1통을 신청서에 첨부하는 방식으로 등기의무자의 출석에 갈음할 수 있다.

㉡ 등기의무자가 법무사 또는 변호사가 아닌 임의대리인에게 등기신청을 위임하였으나 등기필증이 없는 경우 그 임의대리인은 위임확인서면을 작성할 권한이 없으므로 등기위임장 중 등기의무자의 작성부분에 공증을 받아서 제출할 수 있다.[2]

---

[1] 재발급되지 아니한다.

기출
01 등기권리자가 등기필정보를 분실한 경우, 관할등기소에 재교부를 신청할 수 (   ). 제30회

[2] '인우보증서' 제도는 폐지되었다.

기출정답
01 없다

(4) 등기필정보의 작성 및 교부

① **등기필정보의 작성방법**
  ㉠ 등기필정보는 아라비아 숫자와 그 밖의 부호의 조합으로 이루어진 일련번호와 비밀번호로 구성한다.
  ㉡ 등기필정보는 부동산 및 등기명의인별로 작성한다. 다만, 대법원예규로 정하는 바에 따라 등기명의인별로 작성할 수 있다.

② **등기필정보의 통지방법**
  ㉠ 등기필정보는 아래의 구분에 따른 방법으로 통지한다.
    ⓐ **방문신청의 경우**: 등기필정보를 적은 서면(등기필정보통지서)을 교부하는 방법
    ⓑ **전자신청의 경우**: 전산정보처리조직을 이용하여 송신하는 방법
  ㉡ 관공서가 등기권리자를 위하여 등기를 촉탁한 경우 그 관공서의 신청으로 등기필정보통지서를 교부할 수 있다.

③ **등기필정보 통지의 상대방**
  ㉠ 등기관은 등기를 마치면 등기필정보를 등기명의인이 된 신청인에게 통지한다. 다만, 관공서가 등기권리자를 위하여 등기를 촉탁한 경우에는 그 관공서 또는 등기권리자에게 등기필정보를 통지한다.
  ㉡ 법정대리인이 등기를 신청한 경우에는 그 법정대리인에게, 법인의 대표자나 지배인이 신청한 경우에는 그 대표자나 지배인에게, 법인 아닌 사단이나 재단의 대표자나 관리인이 신청한 경우에는 그 대표자나 관리인에게 등기필정보를 통지한다.

④ **등기필정보를 작성 또는 통지할 필요가 없는 경우**
  ㉠ 등기권리자가 등기필정보의 통지를 원하지 아니하는 경우
  ㉡ 등기필정보를 전산정보처리조직으로 통지받아야 할 자가 수신이 가능한 때부터 3개월 이내에 전산정보처리조직을 이용하여 수신하지 않은 경우

⑤ **등기필정보의 실효신고**
  ㉠ 등기명의인 또는 그 상속인 그 밖의 포괄승계인은 등기필정보의 실효신고를 할 수 있다.
  ㉡ 등기필정보의 실효신고를 할 때에는 본인확인절차를 거쳐야 한다(대리인이 하는 경우에는 신고서에 본인의 인감증명을 첨부).
  ㉢ 등기관은 등기필정보의 실효신고가 있는 경우에 해당 등기필정보를 실효시키는 조치를 하여야 한다.

개념 PLUS | 등기필정보의 작성 및 통지방법(등기예규 제1853호)

1. **등기필정보의 작성**
   ① 법 제3조 기타 법령에서 등기할 수 있는 권리로 규정하고 있는 권리를 **보존, 설정, 이전**하는 등기를 하는 경우
   ② 위 ①의 권리의 설정 또는 이전청구권 보전을 위한 **가등기**를 하는 경우
   ③ **권리자를 추가**하는 경정 또는 변경등기(甲 단독소유를 甲과 乙의 공유로 경정하는 경우나 합유자가 추가되는 합유명의인표시변경등기 등)를 하는 경우

2. **등기필정보를 작성하지 않는 경우**
   ① 위 1. 외의 등기를 하는 때에는 등기필정보를 작성하지 아니한다.
   ② 위 1.의 등기의 경우에도 등기명의인이 신청하지 않은 아래의 어느 하나의 등기를 하는 경우에는 등기명의인을 위한 등기필정보를 작성하지 아니한다.
      - 채권자대위에 의한 등기
      - 등기관의 직권에 의한 보존등기
      - 승소한 등기의무자의 신청에 의한 등기
      - 공동상속인 중 일부가 신청한 상속등기와 같이 공유자 중 일부가 공유자 전원을 등기권리자로 하여 신청한 권리에 관한 등기(신청인이 아닌 등기명의인을 위한 등기필정보로 한정)
   ③ 관공서가 등기를 촉탁한 경우에는 등기필정보를 작성하지 아니한다. 다만 관공서가 등기권리자를 위해 등기를 촉탁하는 경우에는 그러하지 아니하다.

3. **등기필정보의 기재사항과 구성**
   ① **등기필정보의 기재사항**: 권리자, (주민)등록번호, 부동산고유번호, 부동산소재, 접수일자, 접수번호, 등기목적, 일련번호 및 비밀번호 기재
   ② **등기필정보의 구성**: 등기필정보의 일련번호는 영문 또는 아라비아숫자를 조합한 12개로 구성하고 비밀번호는 50개 부여

4. **등기필정보의 작성방법**
   등기필정보는 부동산 및 **등기명의인이 된 신청인별**로 작성하되, 등기신청서의 접수연월일 및 접수번호가 동일한 경우에는 부동산이 다르더라도 등기명의인별로 작성할 수 있다.

5. **등기필정보의 제공 방법**
   ① 전자신청의 경우 신청인이 등기필정보를 입력하는 화면에서 일련번호와 임의로 선택한 비밀번호를 입력(단, 한 번 사용한 비밀번호는 50개의 비밀번호를 모두 사용한 후가 아니면 사용하지 못한다)
   ② 서면신청의 경우 신청인이 일련번호와 비밀번호를 신청서에 기재(비밀번호의 사용방법은 전자신청의 경우와 같다)

⚡ 기출

01 승소한 등기의무자가 단독으로 등기신청을 한 경우, 등기필정보를 (   )에게 통지하지 않아도 된다. 제30회

02 등기관이 법원의 촉탁에 따라 가압류등기를 하기 위해 직권으로 소유권보존등기를 한 경우, (   )에게 등기필정보를 통지하지 않는다. 제27·30회

기출정답
01 등기권리자
02 소유자

등기필정보 및 등기완료통지의 양식

등기필정보 및 등기완료통지

접수번호: 9578　　　　　　　　　　　　　　　　　대리인: 법무사 홍길동

권　리　자:	김갑동
(주민)등록번호:	451111-*******
주　　　소:	서울특별시 서초구 서초동 123 - 4
부동산고유번호:	1102 - 2006 - 002634
부 동 산 소 재:	[토지] 서울특별시 서초구 서초동 362-24
접 수 일 자:	2024년 9월 14일　　접 수 번 호: 9578
등 기 목 적:	소유권이전
등기원인및일자:	2024년 9월 10일 매매

부착기준선

일련번호: WTDI - UPRV - P6H1

비밀번호(기재순서: 순번 - 비밀번호)

01-7952	11-7072	21-2009	31-8842	41-3168
02-5790	12-7320	22-5102	32-1924	42-7064
03-1568	13-9724	23-1903	33-1690	43-4443
04-8861	14-8752	24-5554	34-3155	44-6994
05-1205	15-8608	25-7023	35-9695	45-2263
06-8893	16-5164	26-3856	36-6031	46-2140
07-5311	17-1538	27-2339	37-8569	47-3151
08-3481	18-3188	28-8119	38-9800	48-5318
09-7450	19-7312	29-1505	39-6977	49-1314
10-1176	20-1396	30-3488	40-6557	50-6459

2024년　9월　28일

서울중앙지방법원 등기국
등기관

※ 등기필정보 사용방법 및 주의사항

◆ 보안스티커 안에는 다음 번 등기신청시에 필요한 일련번호와 50개의 비밀번호가 기재되어 있습니다.
◆ 등기신청시 보안스티커를 떼어내고 일련번호와 비밀번호 1개를 임의로 선택하여 해당 순번과 함께 신청서에 기재하면 종래의 등기필증을 첨부한 것과 동일한 효력이 있으며, 등기필정보 및 등기완료 통지서면 자체를 첨부하는 것이 아님에 유의하시기 바랍니다.
◆ 따라서 등기신청시 등기필정보 및 등기완료통지서면을 거래상대방이나 대리인에게 줄 필요가 없고, 대리인에게 위임한 경우에는 일련번호와 비밀번호 50개 중 1개와 해당 순번만 알려주시면 됩니다.
◆ 만일 등기필정보의 비밀번호 등을 다른 사람이 안 경우에는 종래의 등기필증을 분실한 것과 마찬가지의 위험이 발생하므로 관리에 철저를 기하시기 바랍니다.
☞ 등기필정보 및 등기완료통지서는 종래의 등기필증을 대신하여 발행된 것으로 분실시 재발급되지 아니하니 보관에 각별히 유의하시기 바랍니다.

5. 인감증명서

(1) 의의

등기를 신청함에 있어서 신청인은 기명·날인하여야 하는데, 이 경우 등기의 진정성을 확보하기 위하여 인감증명서를 제출하도록 하고 있다. 따라서 등기의무자의 인감증명서의 제출이 요구된다.

(2) 인감증명서의 제출을 요하는 경우

방문신청을 하는 경우에는 아래의 인감증명을 제출하여야 한다. 이 경우 해당 신청서(위임에 의한 대리인이 신청하는 경우에는 위임장을 말한다)나 첨부서면에는 그 인감을 날인하여야 한다.

① **소유권**의 등기명의인이 **등기의무자**로서 등기를 신청하는 경우
  ㉠ 제출이 필요한 경우: 소유권이전등기, 소유권이전등기의 말소등기, 소유권이전청구권보전가등기, 전세권설정 또는 저당권설정등기 등
  ㉡ 제출이 필요하지 않은 경우: 전세권이전등기, 전세권목적의 저당권설정등기, 저당권말소등기 등

② **소유권의 가등기명의인이 가등기말소등기**를 신청하는 경우 가등기명의인의 인감증명

③ **소유권 이외의 권리**의 등기명의인이 **등기의무자**로서 등기필정보가 멸실되어 등기소에 출석하여 등기관으로부터 등기의무자 등임을 확인받고 등기를 신청하는 경우와 신청정보에 위임확인서면 또는 공증서 부본을 첨부하여 등기를 신청하는 경우 등기의무자의 인감증명[1]

④ 합필등기의 특례규정에 따라 합필등기를 신청하는 경우에 토지소유자들의 확인서를 첨부하여 토지합필등기를 신청하는 경우 그 토지소유자들의 인감증명

⑤ 1필의 토지의 일부에 지상권·전세권·임차권이나 승역지의 일부에 관하여 하는 지역권의 등기가 있는 경우에 분필등기를 신청할 때에는 권리자의 확인서를 첨부하여 토지분필등기를 신청하는 경우 그 권리자의 인감증명

⑥ 협의분할에 의한 상속등기를 신청하는 경우 분할협의서에 날인한 상속인 전원의 인감증명

⑦ 등기신청서에 제3자의 동의 또는 승낙을 증명하는 서면을 첨부하는 경우 그 서면에 날인한 동의 또는 승낙자의 인감증명

⑧ 법인 아닌 사단이나 재단의 등기신청에서 대법원예규로 정한 경우

TIP
인감증명을 제출하여야 하는 자는 인감증명을 제출하는 대신 신청서 등에 서명을 하고 본인서명사실확인서를 제출하거나 전자본인서명확인서의 발급증을 제출할 수 있다.

TIP
소유권의 등기명의인은 소유자를 말하므로 인감증명은 소유자가 등기의무자인 경우에 제출한다.

[1] 전세권이전등기, 전세권말소등기 등을 신청하는 경우에 해당 등기의무자의 등기필정보를 분실하여 등기의무자가 직접출석, 위임확인정보 또는 공증서 부본을 첨부하여 등기를 신청할 때

⚡ **기출**
01 소유권의 등기명의인이 ( )로서 등기신청을 하는 경우 등기의무자의 인감증명을 첨부하여야 한다. 제21회

기출정답
01 등기의무자

(3) 인감증명의 제출을 필요로 하지 않는 경우

① 소유권보존등기를 신청하는 경우(등기의무자가 존재하지 아니한다)
② 인감증명을 제출하여야 하는 자가 국가 또는 지방자치단체인 경우
③ 합필등기시에 소유자의 확인서, 분필등기 신청시 용익물권 권리자의 증명서 그리고 상속재산분할협의, 제3자의 동의 또는 승낙의 서면[(2)의 ④부터 ⑦까지]이 공정증서이거나 당사자가 서명 또는 날인하였다는 뜻의 공증인의 인증을 받은 서면인 경우

(4) 인감증명 제출시 유의사항

① **(2)**의 ①부터 ③까지 및 ⑥에 따라 인감증명을 제출하여야 하는 자가 다른 사람에게 권리의 처분권한을 수여한 경우에는 **그 대리인의 인감증명**을 함께 제출하여야 한다.
② 법정대리인이 **(2)**의 ①부터 ③까지의 규정에 해당하는 등기신청을 하거나, ④부터 ⑦까지의 서류를 작성하는 경우에는 법정대리인의 인감증명을 제출하여야 한다.

> **개념 PLUS | 제출하여야 하는 인감증명**
>
> 1. 법인 또는 외국법인
>   등기소의 증명을 얻은 그 대표자의 인감증명
> 2. 법인 아닌 사단이나 재단
>   그 대표자나 관리인의 인감증명
> 3. 재외국민
>   위임장이나 첨부서면에 본인이 서명 또는 날인하였다는 뜻의 「재외공관 공증법」에 따른 인증
> 4. 외국인
>   「인감증명법」에 따른 인감증명 또는 본국의 관공서가 발행한 인감증명

(5) 인감증명의 유효기간 및 용도

① 인감증명서의 유효기간은 발행일로부터 **3개월 이내**의 것이어야 한다.
② 매매를 원인으로 한 소유권이전등기신청의 경우 반드시 **부동산매도용 인감증명서**를 첨부하여야 하지만 매매 이외의 경우에는 등기신청서에 첨부된 인감증명서상의 사용용도와 그 등기의 목적이 다르더라도 그 등기신청은 이를 수리하여야 한다.

기출

01 甲과 乙이 공유하나 건축물대장상 공유지분 표시가 없는 건물에 대해 甲의 지분 3분의 2, 乙의 지분 3분의 1로 보존등기를 하기 위하여 甲의 인감증명을 첨부할 필요가 ( ).   제22회

기출정답

01 없다

6. 등기원인에 요구되는 제3자의 허가·동의 또는 승낙을 증명하는 정보

(1) 의의

등기를 신청함에 있어서 등기원인에 대한 제3자의 허가·동의·승낙을 필요로 하는 경우에는 이를 증명하는 정보를 첨부하여야 한다.

(2) 제3자의 허가 등 증명하는 정보를 첨부하는 경우

① '토지거래허가지역' 내에 있는 토지: 시장·군수·구청장의 토지거래허가증

> **개념 PLUS | 토지거래계약허가 관련(등기예규 제1634호)**
>
> 1. **토지거래계약허가증의 첨부**
>   - 법률의 규정에 의한 허가의 대상이 되는 토지에 관하여 **소유권·지상권**을 이전 또는 설정하는 **계약(예약을 포함)**을 체결하고 그에 따른 등기신청을 하기 위해서는 신청서에 시장, 군수 또는 구청장이 발행한 토지거래계약허가증을 첨부하여야 한다. 다만, 그 계약이 증여와 같이 **대가성**이 없는 경우에는 그러하지 아니하다.
>   - 등기를 신청할 당시 또는 등기원인인 계약을 체결할 당시에 허가 대상토지가 아닌 경우에는 토지거래계약허가증을 첨부할 필요가 없다.
>   - 외국인 등이 토지취득허가증을 첨부하여 등기권리자로서 등기신청하는 경우에는 토지거래계약허가증을 첨부할 필요가 없다.
>
> 2. **가등기 또는 가등기에 의한 본등기의 신청과 토지거래계약허가**
>   허가 대상토지에 관하여 소유권·지상권의 이전 또는 설정청구권을 보전의 가등기(담보가등기를 포함)를 신청하는 경우에 토지거래계약허가증을 첨부하여야 한다.
>
> 3. **검인 또는 농지취득자격증명 제출의 불요**
>   토지거래계약허가증을 등기신청서에 첨부한 때에는, 등기원인증서에 검인을 받을 필요가 없으며 농지취득자격증명 또한 제출할 필요가 없다.

② 농지취득시 농지취득자격증명서면: 시·구·읍·면장이 발급한다.

> **개념 PLUS | 농지취득자격증명 관련(등기예규 제1635호) - 첨부하지 않는 경우**
>
> 1. 국가나 지방자치단체가 농지를 취득하여 소유권이전등기를 신청하는 경우
> 2. 상속 및 포괄유증, 상속인에 대한 특정적 유증, 취득시효완성, 공유물분할, 매각, 진정한 등기명의 회복, 농업법인의 합병을 원인으로 하여 소유권이전등기를 신청하는 경우
> 3. 「공익사업을 위한 토지 등의 취득 및 보상에 관한 법률」에 의한 수용 및 협의취득을 원인으로 하여 소유권이전등기를 신청하는 경우(환매권에 의해 농지를 취득하여 소유권이전등기를 신청)
> 4. 도시지역 내의 농지에 대한 소유권이전등기를 신청하는 경우. 다만, 도시지역 중 녹지지역 안의 농지에 대하여는 도시계획시설사업에 필요한 농지에 한함

⚡ **기출**

01 토지거래허가구역 내의 토지를 매매하였으나 그 후 허가구역지정이 해제되었다면, 소유권이전등기 신청시 다시 허가구역으로 지정되었더라도 그 신청서에 토지거래허가서를 첨부할 필요가 (　　). 제22회

02 농지에 대하여 공유물분할을 원인으로 하는 소유권이전등기를 신청하는 경우, 농지취득자격증명을 첨부할 필요가 (　　). 제29·30·36회

기출정답
01 없다　02 없다

③ 공익법인의 기본재산의 매도, 증여, 임대, 교환, 담보제공에 대한 주무관청의 허가
④ 학교법인의 기본재산의 매도, 증여, 교환, 담보제공 또는 권리포기에 대한 관할 청(교육과학기술부장관, 특별시, 광역시, 도 교육감)의 허가
⑤ 전통사찰의 부동산의 양도에 대한 문화체육관광부장관의 허가 및 전통사찰의 부동산의 대여 또는 담보제공에 대한 시·도지사의 허가

(3) 제3자의 허가서 등의 제출을 필요로 하지 않는 경우

① 등기원인정보가 집행력이 있는 판결인 때에는 신청대상인 등기에 제3자의 허가서 등이 필요한 경우에도 그러한 서면의 제출은 요하지 않는다.
② 그러나, 소유권이전등기를 신청할 때에 해당 허가서 등의 현존사실이 판결서 등에 기재되어 있더라도 행정관청의 허가 등을 증명하는 서면을 반드시 제출하여야 한다(「부동산등기 특별조치법」).
③ 소유권보존등기신청

7. 대리권을 증명하는 정보

(1) 의의

대리인에 의하여 등기를 신청하는 경우 대리인의 권한을 증명하는 정보를 제출하는 것을 말한다.

(2) 대리권한을 증명하는 정보

① 임의대리의 경우에는 위임장을 제출하여야 하며 위임장에는 위임인이 서명·날인
② 법정대리인의 경우에는 가족관계등록부를 첨부
③ 법인 아닌 사단·재단의 등기신청시 첨부정보
   ㉠ 정관 또는 규약
   ㉡ 대표자 또는 관리인임을 증명하는 서면(예 의사록, 대표자선임서)
   ㉢ 대표자 또는 관리인의 주민등록등본
   ㉣ 사원총회의 결의서(법인 아닌 사단이 등기의무자인 경우)

⚡기출

01 법인 아닌 사단이 등기의무자인 경우, ( )를 첨부정보로 제공하여야 한다. 제26회

기출정답

01 사원총회의 결의서

8. 신청인의 주소를 증명하는 정보

(1) 첨부 이유

등기기록에 새롭게 기록되는 등기권리자로서 등기를 신청하는 경우에는 신청인의 주소증명정보로 주민등록표정보를 등기소에 제공하여야 한다.

(2) 대상 등기

등기권리자(등기명의인)가 등기신청을 하는 경우에 주소증명정보를 첨부정보로 등기소에 제공하여야 하며, 소유권이전등기를 신청하는 경우에는 등기의무자의 주소증명정보를 함께 제공하여야 한다.

9. 주민등록번호 또는 부동산등기용등록번호를 증명하는 서면

(1) 의의

신청정보 또는 등기기록에 등기권리자의 성명 또는 명칭을 기재하는 경우에 등기권리자의 주민등록번호를 병기하여야 하고, 주민등록번호가 없는 경우에는 부동산등기용등록번호를 병기해야 한다.

(2) 부동산등기용등록번호의 부여 절차

구분	등록번호 부여기관
국가, 지방자치단체, 국제기관, 외국정부	국토교통부장관이 지정·고시(제출 불요)
법인(외국법인)	주된 사무소 소재지 관할 등기소의 등기관
법인 아닌 사단, 재단	시장·군수·구청장
외국인	체류지를 관할하는 지방출입국·외국인관서의 장
주민등록번호 없는 재외국민	대법원 소재지 관할 등기소의 등기관

10. 토지·임야대장 또는 건축물대장정보

① 소유권보존등기를 신청하는 경우
② 소유권이전등기를 신청하는 경우
③ 부동산변경등기를 신청하는 경우
④ 멸실등기의 신청시

⚡기출

01 주민등록번호가 없는 재외국민의 부동산등기용등록번호는 ( )이 부여한다. 제27회

기출정답

01 대법원 소재지 관할 등기소의 등기관

11. 이해관계인의 승낙서

① 권리의 변경·경정등기
② 말소등기
③ 말소회복등기

04 등기신청의 방식

1. 방문신청

(1) 방문신청의 방법

① 방문신청을 하는 경우에는 등기신청서에 등기소에 제공하여야 하는 정보를 적고 신청인 또는 그 대리인이 기명날인하거나 서명하여야 한다.
② 방문신청을 하고자 하는 신청인은 신청서를 등기소에 제출하기 전에 전산정보처리조직에 신청정보를 입력하고, 그 입력한 신청정보를 **서면으로 출력**하여 등기소에 제출하는 방법으로 할 수 있다.

(2) 등기신청서를 제출할 수 있는 자격자대리인의 사무원

① 등기소에 출석하여 등기신청서를 제출할 수 있는 변호사나 법무사[법무법인·법무법인(유한)·법무조합 또는 법무사합동법인을 포함]의 사무원은 자격자대리인의 사무소 소재지를 관할하는 지방법원장이 허가하는 1명으로 한다.
② 자격자대리인이 허가를 받으려면 지방법원장에게 허가신청서를 제출하여야 한다.

(3) 첨부서면의 원본 환부의 청구

① 신청서에 첨부한 서류의 원본의 환부를 청구하는 경우에 신청인은 그 원본과 같다는 뜻을 적은 사본을 첨부하고, 그 사본에 원본 환부의 뜻을 적고 기명날인하여야 한다.
② 다음의 서류에 대하여는 환부를 청구할 수 없다.

> ㉠ 등기신청위임장 등 해당 등기신청만을 위하여 작성한 서류
> ㉡ 인감증명, 법인등기사항증명서, 주민등록표등본·초본, 가족관계등록사항별증명서, 건축물대장, 토지대장, 임야대장 등 별도의 방법으로 다시 취득할 수 있는 서류

기출

01 전자표준양식에 의한 등기신청의 경우, 자격자대리인(법무사 등)이 아닌 자도 타인을 대리하여 등기를 신청할 수 (   ).
제29회

기출정답

01 있다

(4) 인감증명의 제출

(5) 등기신청서의 접수

(6) 등기원인증서의 반환

2. 전자신청

(1) 전자신청의 의의와 방법

① 의의: 전자신청은 당사자 또는 자격자대리인이 등기소에 출석하지 아니하고 「부동산등기규칙」[1] 제43조 및 그 밖의 법령에 따라 신청정보의 내용으로 등기소에 제공하여야 하는 정보를 전자문서로 등기소에 송신하여 등기를 신청하는 것을 말한다.

[1] 「부동산등기규칙」 이하 제2편에서 '규칙'이라 한다.

> 전산정보처리조직을 이용[이동통신단말장치에서 사용되는 애플리케이션(Application)을 통하여 이용하는 경우를 포함한다]하여 신청정보 및 첨부정보를 보내는 방법. 전자신청이 가능한 등기유형에 관한 사항과 전자신청의 방법은 대법원규칙으로 정한다.

② 전자신청의 방법
  ㉠ 전자신청을 하는 경우에는 신청정보의 내용으로 등기소에 제공하여야 하는 정보를 전자문서로 등기소에 송신하여야 한다(사용자등록번호도 함께 송신).
  ㉡ 전자문서를 송신할 때에는 신청인 또는 문서작성자의 전자서명정보를 함께 송신하여야 한다.

(2) 사용자등록

① 의의: 전자신청을 하기 위해서는 그 등기신청을 하는 당사자 또는 등기신청을 대리할 수 있는 자격자대리인이 최초의 등기신청 전에 사용자등록을 하여야 한다.

② 사용자등록의 신청
  ㉠ 사용자등록을 신청하는 당사자 또는 자격자대리인은 등기소에 **출석**하여 신청서를 제출하여야 한다.
  ㉡ 사용자등록신청서에는 「인감증명법」에 의하여 신고한 인감을 날인하고 인감증명을 첨부하여야 한다.

⚡ 기출

01 최초로 사용자등록을 신청하는 당사자 또는 자격자대리인은 등기소에 ( )하여야 한다.
제20·22회

기출정답

01 출석

③ 사용자등록의 유효기간
  ㉠ 사용자등록의 유효기간은 자격자대리인은 3년, 자격자대리인 이외의 자는 1년으로 한다.
  ㉡ 사용자등록의 유효기간 만료일 3개월 전부터 만료일까지는 그 유효기간의 연장을 신청할 수 있다.
  ㉢ 위 ㉡의 유효기간 연장은 전자문서로 신청할 수 있다.

(3) **전산정보처리조직에 의한 부동산등기신청에 관한 업무처리지침(등기예규 제1836호)**
① 지정등기소의 지정
② 전자신청을 할 수 있는 자
  ㉠ **사용자등록을 한 자연인 및 법인**: 사용자등록을 한 **자연인(외국인 포함)**과 전자증명서를 발급받은 **법인**은 전자신청을 할 수 있다.
  ㉡ 법인 아닌 사단이나 재단은 전자신청을 할 수 없고, 자격자대리인이 아닌 사람은 다른 사람을 대리하여 전자신청을 할 수 없다.
  ㉢ **대리신청의 경우**: 자격자대리인은 다른 사람을 대리하여 전자신청을 할 수 있다. 다만 자격자대리인이 외국인인 경우에는 외국인등록 또는 국내거소신고 중 하나의 요건을 갖추어야 한다.
③ **전자신청의 방법(인감증명서정보의 송신 불요)**

> 대법원 인터넷등기소에 접속 ⇨ 사용자 인증 ⇨ 신청정보의 입력 ⇨ 필수정보의 첨부 등 ⇨ 승인 ⇨ 등기신청수수료의 납부 ⇨ 송신

④ 전자신청의 접수
  ㉠ **접수번호의 자동 부여**: 자동적으로 생성된 접수번호를 부여한다.
  ㉡ **접수장에 기록**: 접수장에 전자신청이라는 취지를 기록하여야 한다.
⑤ 기입사무의 처리
⑥ 조사, 교합업무 등
  ㉠ **조사, 교합업무**: 등기관은 신청정보 및 첨부정보가 법 등 제반 법령에 부합되는지 여부를 조사한 후 접수번호의 순서대로 교합처리하여야 하며, 지연처리 사건이나 보정을 명한 사건 이외에는 24시간 이내에 등기필정보의 송신 및 등기완료사실의 통지를 하여야 한다.
  ㉡ **지연처리**: 집단사건이나 판단이 어려운 사건, 기타 행정정보 공동이용의 대상이 되는 정보의 취득이 1분 이내에 이루어지지 않는 사건과 같이 만일 접수 순서대로 처리한다면 후순위로 접수된 다른 사건의 처리가 상당

⚡기출
01 법인 아닌 사단은 전자신청을 할 수 (   ).
제20·22회

기출정답
01 없다

히 지연될 것이 예상될 경우, 그 사유를 등록하고 이들 신청사건보다 나중에 접수된 사건을 먼저 처리할 수 있다. 다만, 지연사건의 처리를 접수된 때로부터 50일 이내에 완료하여야 한다.

ⓒ 보정사무
  ⓐ **보정 통지의 방법**: 등기관은 사유를 등록한 후 전자우편, 구두, 전화, 기타 모사전송의 방법에 의해 사유를 신청인에게 통지하여야 한다.
  ⓑ **보정의 방법**: 전자신청의 보정은 전산정보처리조직에 의하여 하여야 한다.
⑦ **전자신청의 취하**: 전자신청의 취하는 전산정보처리조직을 이용해서 하여야 한다. 이 경우 전자신청과 동일한 방법으로 사용자인증을 받아야 한다.
⑧ **각하결정의 방법**: 전자신청에 대한 각하 결정의 방식 및 고지방법은 서면신청과 동일한 방법으로 처리한다.

05 등기신청 후 절차

1. 등기신청서의 접수

(1) 의의

① 접수란 등기신청서가 제출된 때에 등기관이 신청서를 받는 것을 말하며 등기관은 신청을 접수할 의무가 있으며 이를 거절하지 못한다.
② **등기의 접수시기**: 대법원규칙으로 정하는 등기신청정보가 전산정보처리조직에 저장된 때 접수된 것으로 본다.❶

> ❶ **등기의 효력발생시기**
> 등기관이 등기를 마친 경우 그 등기는 접수한 때부터 효력이 발생하는데, '등기관이 등기를 마친 경우'란 등기사무를 처리한 등기관이 누구인지 알 수 있는 조치를 하였을 때를 말한다.

(2) 접수장에 기재

① 등기관이 신청서를 받았을 때에는 접수장에 등기의 목적, 신청인의 성명 또는 명칭, 접수연월일과 접수번호를 적고 신청서에 접수연월일과 접수번호를 적어야 한다.
② 접수번호는 전국 모든 등기소를 통합하여 부여하되, 매년 새로 부여하여야 한다.

(3) 동시신청하여야 하는 등기

① 환매권등기와 매매로 인한 소유권이전등기
② 신탁등기와 신탁으로 인한 소유권이전등기
③ 1동 건물에서 구분건물 중의 일부만의 소유권보존등기와 나머지 구분건물의 표시등기

④ 건물의 신축으로 인하여 비구분건물이 구분건물로 된 경우의 그 신축건물의 소유권보존등기와 종전건물의 표시변경등기

(4) 접수증의 교부

2. 등기신청에 대한 심사

(1) 형식적 심사주의(서면심리의 원칙)

① 등기관은 원칙적으로 등기신청을 할 때 제출된 서류와 이와 관련된 기존의 등기부만을 자료로 하여 서면조사를 하는 것이고, 등기신청에 대하여 실체법상의 권리관계와 일치하는지 여부는 심사할 수 없다.
② 심사의 기준시기는 등기부에 기록하려고 할 때이다.

(2) 실질적 심사주의(삭제)

3. 등기신청의 각하

(1) 의의

각하란 등기관이 등기신청에 관한 형식적 심사를 한 결과 등기신청을 등기기록에 기록함이 적합하지 않을 경우에 등기기록에의 기록을 거부하는 등기관의 처분을 말한다.

(2) 각하사유(제한적·열거적 사유, 법 제29조) 빈출

① 사건이 그 등기소의 관할이 아닌 경우(제1호)
② 사건이 등기할 것이 아닌 경우(제2호)

> ★ **개념 PLUS** | 법 제29조 제2호에서 '사건이 등기할 것이 아닌 경우'(규칙 제52조)
>
> 1. 등기능력 없는 물건 또는 권리에 대한 등기를 신청한 경우
> 2. 법령에 근거가 없는 특약사항의 등기를 신청한 경우
> 3. 구분건물의 전유부분과 대지사용권의 분리처분 금지에 위반한 등기를 신청한 경우
> 4. 농지를 전세권설정의 목적으로 하는 등기를 신청한 경우
> 5. 저당권을 피담보채권과 분리하여 양도하거나, 피담보채권과 분리하여 다른 채권의 담보로 하는 등기를 신청한 경우
> 6. 일부지분에 대한 소유권보존등기를 신청한 경우
> 7. 공동상속인 중 일부가 자신의 상속지분만에 대한 상속등기를 신청한 경우

⚡ **기출**

01 관공서의 공매처분으로 인한 권리이전의 등기를 매수인이 신청한 경우, 가압류결정에 의하여 가압류채권자 甲이 乙 소유 토지에 대하여 가압류등기를 신청한 경우는 「부동산등기법」 제29조 ( ) 위반에 해당한다.
제29·30·35회

02 농지를 ( )의 목적으로 하는 등기를 신청한 경우에 각하사유에 해당한다. 제30·35회

03 공동상속인 중 일부가 ( ) 상속등기를 신청한 경우는 각하사유에 해당한다. 제30·35회

기출정답
01 제2호 **02** 전세권설정
03 자신의 상속지분만에 대한

> 8. **관공서 또는 법원의 촉탁으로 실행**되어야 할 등기를 신청한 경우
> 9. 이미 보존등기된 부동산에 대하여 다시 보존등기를 신청한 경우
> 10. 신청취지 자체에 의하여 법률상 허용될 수 없음이 명백한 등기를 신청한 경우

③ 신청할 권한이 없는 자가 신청한 경우(제3호)
④ 등기를 신청할 때에 당사자나 그 대리인이 출석하지 아니한 경우(제4호)
⑤ 신청정보의 제공이 대법원규칙으로 정한 방식에 맞지 아니한 경우(제5호)
⑥ 신청정보의 부동산 또는 등기목적인 권리의 표시가 등기기록과 일치하지 아니한 경우(제6호)
⑦ 신청정보의 등기의무자의 표시가 등기기록과 일치하지 아니한 경우. 다만, 다음 아래의 어느 하나에 해당하는 경우는 제외한다(제7호).
  ㉠ 포괄승계인이 등기신청을 하는 경우
  ㉡ 신청정보와 등기기록의 등기의무자가 동일인임을 대법원규칙으로 정하는 바에 따라 확인할 수 있는 경우
⑧ 신청정보와 등기원인을 증명하는 정보가 일치하지 아니한 경우(제8호)
⑨ 등기에 필요한 첨부정보를 제공하지 아니한 경우(제9호)
⑩ 취득세, 등록면허세 또는 수수료를 내지 아니하거나 등기신청과 관련하여 다른 법률에 따라 부과된 의무를 이행하지 아니한 경우(제10호)
⑪ 신청정보 또는 등기기록의 부동산의 표시가 토지대장·임야대장 또는 건축물대장과 일치하지 아니한 경우(제11호)

(3) 각하결정

① **흠결의 보정**
  ㉠ 등기관이 등기신청서 등을 조사한 결과 흠결이 있으나 그것이 **그 다음 날까지** 보정할 수 있는 것인 때에는 보정을 권고할 수 있으며 보정한 경우에는 각하할 수 없고 등기접수번호에 따라 등기하여야 한다.
  ㉡ 등기관이 보정을 명하거나 권고할 의무는 없다.
  ㉢ 당사자나 그 대리인 또는 변호사 또는 법무사의 허가받은 사무원이 등기소에 출석하여 등기관의 면전에서 보정하여야 한다.
② **각하처분**: 등기관은 법 제29조 각 호의 사유에 해당하면 이유를 기재한 서면으로 결정의 형식으로 신청을 각하하여야 한다.
③ **각하결정서의 교부**: 등기신청을 각하한 경우 등기관은 **등기신청서**를 신청서 기타 부속서류 편철장에 편철하고, 각하결정 등본을 작성하여 신청인에게 교부한다.

(4) 각하사유를 간과하고 한 등기의 효력

구분	효력	직권말소	이의신청
제1호 · 제2호 위반	당연무효(실체부합 여부 불문)	○	○
제3호 이하 사유 위반	실체관계와 부합하면 유효	×	×

4. 신청의 취하

(1) 의의

등기신청의 취하란 등기신청인이 등기가 완료되기 전에 또는 등기신청이 각하되기 전까지 등기소에 대하여 등기신청을 철회하는 것을 말한다.

(2) 취하의 절차

> **개념 PLUS | 서면에 의한 등기신청의 취하(등기예규 제1643호)**
>
> 1. **취하권자**
>   취하는 등기신청인 또는 그 대리인이 할 수 있다. 그러나 대리인이 등기신청을 취하하는 경우에는 취하에 관한 특별수권이 있어야 한다.
> 2. **취하의 시기**
>   등기관이 등기를 마치기 전까지 할 수 있다.
> 3. **취하의 방법**
>   - **방문신청**: 신청인 또는 그 대리인이 등기소에 출석하여 취하서를 제출
>   - **전자신청**: 전산정보처리조직을 이용하여 취하정보를 전자문서로 등기소에 송신
> 4. **취하형태**
>   공동으로 한 등기신청은 공동으로 취하하여야 한다.
> 5. **일부취하**
>   수 개의 등기를 일괄신청한 경우 그 중 일부만의 취하도 가능하다.
> 6. **신청서 등의 반환**
>   등기신청이 취하된 경우 등기관은 신청서와 그 부속서류를 신청인에게 반환하여야 하며, 취하서는 '신청서 기타 부속서류 편철장'에 편철한다.

5. 등기의 실행

6. 등기완료 후의 절차

(1) 등기필정보의 교부

① **등기필정보의 통지**: 등기관이 새로운 권리에 관한 등기를 마쳤을 때에는 부동산 및 등기명의인이 된 신청인별로 등기필정보를 작성하여 등기권리자에게 통지하여야 한다.

② **등기필정보의 작성**
  ㉠ 법 제3조에 규정된 권리를 보존, 설정, 이전하는 등기를 하는 경우
  ㉡ 위 ㉠의 권리의 설정 또는 이전청구권 보전을 위한 가등기를 하는 경우
  ㉢ 권리자를 추가하는 경정 또는 변경등기(甲 단독소유를 甲, 乙 공유로 경정하거나 합유자가 추가되는 합유명의인 표시변경등기)를 하는 경우

(2) 등기완료통지서를 받을 자(신청인 포함)

① 승소한 등기의무자의 등기신청에 있어서 등기권리자
② 대위자의 등기신청에 있어서 피대위자
③ 직권보존등기에 있어서 등기명의인
④ 관공서의 등기촉탁에 있어서 그 관공서
⑤ 공유자 중 일부가 「민법」 제265조 단서에 따른 공유물의 보존행위로서 공유자 전원을 등기권리자로 하여 권리에 관한 등기를 신청한 경우 그 나머지 공유자

(3) 소유권변경사실의 통지

① 등기관이 다음의 등기를 하였을 때에는 지체 없이 그 사실을 토지의 경우에는 지적소관청에, 건물의 경우에는 건축물대장 소관청에 각각 알려야 한다.
  ㉠ 소유권의 보존 또는 이전등기(가등기 불포함)
  ㉡ 소유권의 등기명의인표시의 변경 또는 경정등기
  ㉢ 소유권의 변경 또는 경정등기
  ㉣ 소유권의 말소 또는 말소회복등기

② 소유권변경사실의 통지는 전산정보처리조직을 이용하여 할 수 있다.

(4) 과세자료의 제공

① 등기관이 소유권의 보존 또는 이전의 등기(가등기 포함)를 하였을 때에는 지체 없이 그 사실을 부동산 소재지 관할 세무서장에게 통지하여야 한다.
② 과세자료의 제공은 전산정보처리조직을 이용하여 할 수 있다.

06 등기관의 처분에 대한 이의신청

1. 의의

등기사무와 관련하여 등기관의 처분이나 결정으로 위법·부당한 것인 때에는 불이익을 받은 자는 부당한 처분으로 인한 손해를 「국가배상법」에 의하여 배상받을 수 있다. 그러나 법에서는 이외에 부당한 결정이나 처분의 효과를 제거하여 정당한 처분이 있었던 것과 같은 상태로 회복하기 위한 조치로서 등기관의 처분에 대한 이의신청제도를 두고 있다.

2. 이의신청의 요건

(1) 등기관의 결정 또는 처분이 부당한 것일 것

① 등기관의 결정 또는 처분
② 등기관의 결정 또는 처분 자체가 부당할 것
  ㉠ **소극적 부당**: 등기를 실행하여야 함에도 불구하고 등기를 실행하지 아니하고 등기를 각하하는 것을 말한다. 즉 적법한 등기신청에 대하여 그 수리나 실행을 하지 않는 경우에는 이의신청이 가능하다.
  ㉡ **적극적 부당**: 등기신청을 각하하여야 함에도 불구하고 이를 수리하여 등기를 실행하거나 다른 등기를 하는 것을 말한다.

> **TIP**
> 소극적 부당과 적극적 부당의 구별기준은 등기부에 기록을 기준으로 한다. 등기할 사항인데 기록하지 않고 각하처분을 내리면 소극, 각하사유인데 등기기록에 기록하면 적극으로 이해한다.

(2) 이의신청사유

① 소극적 부당은 이의신청을 하는 경우 **제한이 없다**(법 제29조 제1호 내지 제11호).
② 적극적 부당은 **관할 위반의 등기**(법 제29조 제1호), **사건이 등기할 것이 아닌 때**(법 제29조 제2호)에 해당되는 경우에만 이의신청을 할 수 있으며, 법 제29조 제3호 이하의 각하사유를 간과하고 등기가 실행되어 실체관계에 부합하는 한 이의신청을 할 수 없다.

(3) 이의신청의 대상자

① **소극적 부당**: 등기신청의 각하결정에 관해서는 **등기신청인**에 한하여 이의신청을 할 수 있으며 제3자는 이의신청을 할 수 없다.
② **적극적 부당**: 관할위반의 등기(법 제29조 제1호)와 등기할 것이 아닌 사항(법 제29조 제2호)에 대한 등기는 **등기신청인**뿐만 아니라 **등기상 이해관계 있는 제3자**도 등기관의 처분에 대하여 이의신청할 수 있다.

> **개념 PLUS | 이의신청인에 대한 구체적 예시(등기예규 제1812호)**
>
> 1. 채권자가 채무자를 대위하여 경료한 등기가 채무자의 신청에 의하여 말소된 경우에는 그 말소처분에 대하여 채권자는 등기상 이해관계인으로서 이의신청을 할 수 있다.
> 2. 상속인이 아닌 자는 상속등기가 위법하다 하여 이의신청을 할 수는 없다.
> 3. 저당권설정자는 저당권의 양수인과 양도인 사이의 저당권이전의 부기등기에 대하여 이의신청을 할 수 없다.
> 4. 말소등기신청에 있어 이해관계 있는 제3자의 승낙서 등 서면이 첨부되지 아니하였다는 사유는 제3자의 이해에 관한 것이므로, 말소등기의무자는 말소처분에 대하여 이의신청을 할 수 있는 등기상 이해관계인에 해당되지 아니하여 이의신청을 할 수 없다.

(4) 결정 또는 처분의 판단시점

① 등기관의 결정 또는 처분이 부당한지 여부는 그 **결정 또는 처분을 한 시점**으로 판단한다.

② 새로운 사실이나 새로운 증거방법을 근거로 이의신청을 할 수는 없다.

3. 이의신청절차

(1) 등기관의 결정 또는 처분에 이의가 있는 자는 **그 결정 또는 처분을 한 등기관이 속한 지방법원**(이하 '관할 지방법원'이라 한다)에 이의신청을 할 수 있다.

(2) 이의신청은 대법원규칙으로 정하는 바에 따라 **결정 또는 처분을 한 등기관이 속한 등기소**에 이의신청서를 제출하거나 전산정보처리조직을 이용하여 이의신청정보를 보내는 방법으로 한다.

(3) 이의신청기간은 제한이 없으므로 이의의 이익이 있는 한 언제든지 신청할 수 있다.

(4) 이의는 집행정지의 효력이 **없다.**

(5) 관할 지방법원의 기재명령(가등기 또는 부기등기명령)에 의한 등기

등기관의 처분에 대한 이의신청에 대하여 관할 지방법원이 결정 전에 가등기 또는 이의가 있다는 취지의 부기등기를 명하거나 이의신청을 인용하여 일정한 등기를 명한 경우 등기관은 그 명령에 따른 등기를 하여야 한다.

⚡ 기출

01 이의신청자는 새로운 사실을 근거로 이의신청을 할 수 ( ).
제26 · 28 · 31 · 34회

02 이의에는 집행정지의 효력이 ( ).
제26 · 28 · 31회

기출정답
01 없다 **02** 없다

4. 등기관의 조치

(1) 등기관은 이의가 이유 있다고 인정하면 그에 해당하는 처분을 하여야 한다.

(2) 등기관은 이의가 이유 없다고 인정하면 이의신청일부터 **3일 이내**에 의견을 붙여 이의신청서 또는 이의신청정보를 **관할 지방법원**에 보내야 한다.

(3) 등기를 마친 후에 이의신청이 있는 경우에는 3일 이내에 의견을 붙여 이의신청서 또는 이의신청정보를 관할 지방법원에 보내고 등기상 이해관계 있는 자에게 이의신청 사실을 알려야 한다.

5. 법원의 조치

(1) 관할 지방법원은 이의신청에 대하여 결정하기 전에 등기관에게 가등기 또는 이의가 있다는 뜻의 부기등기를 명령할 수 있다.

(2) 관할 지방법원은 이의에 대하여 이유를 붙여 결정을 하여야 한다. 이 경우 이의가 이유 있다고 인정하면 등기관에게 그에 해당하는 처분을 명령하고 그 뜻을 이의신청인과 등기상 이해관계 있는 자에게 알려야 한다.

제4장 표시에 관한 등기

기본서 p.248~265

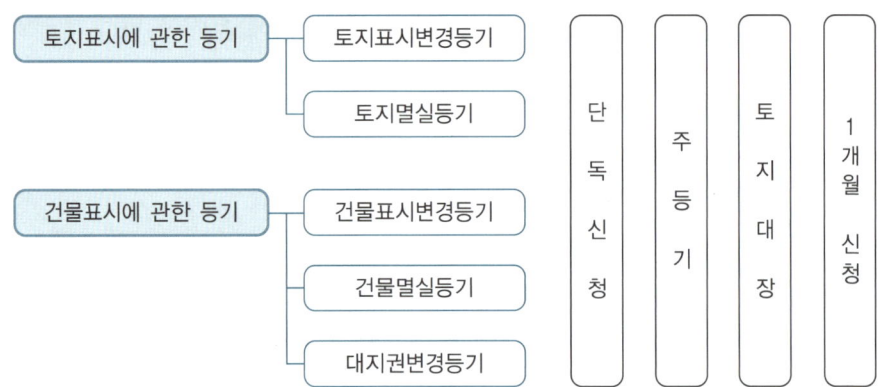

01 토지의 표시에 관한 등기

> 토지 등기기록의 표제부 기록사항
> 1. 표시번호
> 2. 접수연월일
> 3. 소재와 지번(地番)
> 4. 지목(地目)
> 5. 면적
> 6. 등기원인

1. 토지표시변경등기

(1) 의의

토지의 분할, 합병이 있는 경우와 토지표시의 등기사항에 변경이 있는 경우에는 그 토지소유권의 등기명의인은 그 사실이 있는 때부터 1개월 이내에 그 등기를 신청하여야 한다.

(2) 등기의 신청에 관한 특칙

① **신청인**: 토지소유권의 등기명의인이 단독신청
② **신청의무**: 소유권의 등기명의인은 **1개월 이내**에 그 등기를 신청
③ **신청정보 및 첨부정보**: 토지대장 정보나 임야대장 정보
④ **등기의 형식**: 종전의 표시에 관한 등기를 말소하는 표시

(3) 직권에 의한 등기

① 직권에 의한 표시변경등기

㉠ 등기관이 지적소관청으로부터 불부합통지를 받은 경우에 1개월 이내에 등기명의인의 등기신청이 없을 때에는 그 내용에 따른 변경등기를 직권으로 하여야 한다.

㉡ 변경등기를 하였을 때에는 등기관은 지체 없이 그 사실을 지적소관청과 소유권의 등기명의인에게 알려야 한다.

② 행정구역의 변경등기

㉠ 행정구역 또는 그 명칭이 변경되었을 때에는 등기기록에 기록된 행정구역 또는 그 명칭에 대하여 변경등기가 있는 것으로 본다.

㉡ 등기관은 직권으로 부동산표시변경등기, 등기명의인표시변경등기를 할 수 있다.

(4) 토지의 분합등기

① 토지의 분합등기의 종류

구분	등기기록의 변화
토지분필 등기	甲토지를 분할하여 그 일부를 乙토지로 한 경우
	• 乙토지의 등기기록을 개설 • 甲토지의 등기기록 중 표제부에 남은 부분의 표시를 하고, 종전의 표시에 관한 등기를 말소
토지합필 등기	甲토지를 乙토지에 합병한 경우
	• 乙토지의 등기기록 중 표제부에 합병 후의 토지의 표시와 합병으로 인하여 甲토지의 등기기록에서 옮겨 기록한 뜻을 기록 • 甲토지의 등기기록 중 표제부의 등기를 말소하는 표시를 한 후 그 등기기록을 폐쇄
토지분필· 합필등기	甲토지의 일부를 분할하여 이를 乙토지에 합병한 경우
	乙토지의 등기기록 중 표제부에 합병 후의 토지의 표시와 일부합병으로 인하여 甲토지의 등기기록에서 옮겨 기록한 뜻을 기록하고, 종전의 표시에 관한 등기를 말소

TIP
저당권 등이 없을 것(가등기, 가압류, 가처분 포함)

② **토지합필의 제한**
  ㉠ 합필(合筆)하려는 토지에 다음의 등기 외의 권리에 관한 등기가 있는 경우에는 합필의 등기를 할 수 없다.
    ⓐ 소유권·지상권·전세권·임차권 및 승역지(承役地: 편익제공지)에 하는 지역권의 등기
    ⓑ 합필하려는 모든 토지에 있는 등기원인 및 그 연월일과 접수번호가 동일한 저당권에 관한 등기(창설적 공동저당)
    ⓒ 합필하려는 모든 토지에 있는 신탁원부의 등기사항이 동일한 신탁등기
  ㉡ 등기관이 토지합필의 제한사유를 위반한 등기의 신청을 각하하면 지체 없이 그 사유를 지적소관청에 알려야 한다.
③ **토지합필의 특례**: 「공간정보의 구축 및 관리 등에 관한 법률」에 따른 토지합병절차를 마친 후 합필등기를 하기 전에 합병된 토지 중 어느 토지에 관하여 소유권이전등기가 된 경우라 하더라도 이해관계인의 승낙이 있으면 해당 토지의 소유권의 등기명의인들은 합필 후의 토지를 공유로 하는 합필등기를 신청할 수 있다.

2. 토지멸실등기

(1) 의의
토지가 멸실한 때 등기기록 중 표제부에 멸실의 뜻과 그 원인을 기록하고 표제부의 등기를 말소하는 표시를 한 후 그 등기기록을 폐쇄하는 등기를 말한다.

(2) 단독신청
멸실등기는 권리의 등기가 아니므로 소유자의 단독신청에 의한다.

(3) 등기신청의무
토지소유권자는 그 사실이 있는 때로부터 **1개월 이내**에 신청한다.

(4) 첨부정보
멸실을 증명하는 토지대장 정보나 임야대장 정보 등을 첨부한다.

(5) 멸실등기의 실행
등기관이 토지의 멸실등기를 할 때에는 등기기록 중 표제부에 멸실의 뜻과 그 원인을 기록하고 표제부의 등기를 말소하는 표시를 한 후 그 등기기록을 폐쇄하여야 한다.

02 건물의 표시에 관한 등기

건물 등기기록의 표제부 기록사항
1. 표시번호
2. 접수연월일
3. 소재, 지번, 건물명칭(건축물대장에 건물명칭이 기재되어 있는 경우만 해당한다) 및 번호. 다만, 같은 지번 위에 1개의 건물만 있는 경우에는 건물번호는 기록하지 아니한다.
4. 건물의 종류, 구조와 면적. 부속건물이 있는 경우에는 부속건물의 종류, 구조와 면적도 함께 기록한다.
5. 등기원인
6. 도면의 번호(같은 지번 위에 여러 개의 건물이 있는 경우와 구분건물인 경우로 한정한다)

구분건물 등기기록의 표제부 기록사항
1. 등기할 건물이 구분건물인 경우에 등기관은 1동 건물의 등기기록의 표제부에는 소재와 지번, 건물명칭 및 번호를 기록하고 전유부분의 등기기록의 표제부에는 건물번호를 기록하여야 한다.
2. 구분건물에 대지사용권으로서 건물과 분리하여 처분할 수 없는 것(대지권)이 있는 경우에는 등기관은 1동 건물의 등기기록의 표제부에 대지권의 목적인 토지의 표시에 관한 사항을 기록하고 전유부분의 등기기록의 표제부에는 대지권의 표시에 관한 사항을 기록하여야 한다.
3. 등기관이 대지권등기를 하였을 때에는 직권으로 대지권의 목적인 토지의 등기기록에 소유권, 지상권, 전세권 또는 임차권이 대지권이라는 뜻을 기록하여야 한다.

1. 건물표시의 변경등기

(1) 의의

건물의 분할·구분·합병이 있는 경우와 건물표시의 등기사항에 변경이 있는 경우에 그 소유권의 등기명의인은 그 사실이 있는 때부터 1개월 이내에 그 등기를 신청하여야 한다.

(2) 등기절차

① **신청인**: 소유권의 등기명의인이 단독으로 신청한다.
② **신청의무**: 건물의 분할, 구분, 합병이 있는 경우와 건물표시의 등기사항에 변경이 있는 경우에는 그 건물소유권의 등기명의인은 그 사실이 있는 때부터 **1개월 이내**에 그 등기를 신청하여야 한다.

③ **표시변경의 직권등기**: 등기소가 지적소관청으로부터 통지를 받은 경우에 1개월 내에 등기신청이 없을 때에는 등기관은 직권으로 표시변경등기를 하여야 한다.

④ **첨부정보**
　㉠ 건물의 변경 전과 변경 후의 표시에 관한 정보
　㉡ 대지권의 변경·경정 또는 소멸의 등기를 신청하는 경우에는 그에 관한 규약이나 공정증서 또는 이를 증명하는 정보
　㉢ 위 ㉡의 경우 외에는 그 변경을 증명하는 건축물대장 정보를 첨부정보로서 제공

⑤ **등기의 실행**: 건물표시에 관한 사항을 변경하는 등기를 할 때에는 종전의 표시에 관한 등기를 말소하는 표시를 하여야 한다.

(3) 건물의 분합등기

① 건물의 분합등기의 종류

구분	등기기록의 변화
건물의 분할등기	甲건물로부터 그 부속건물을 분할하여 이를 乙건물로 한 경우
건물의 합병등기	甲건물을 乙건물 또는 그 부속건물에 합병하는 경우
건물의 구분등기	구분건물이 아닌 甲건물을 구분하여 甲건물과 乙건물로 한 경우
건물의 분할합병등기	甲건물로부터 그 부속건물을 분할하여 乙건물의 부속건물로 한 경우

② **건물합병의 제한**: 합병하려는 건물에 다음의 등기 외의 권리에 관한 등기가 있는 경우에는 합병의 등기를 할 수 없다.
　㉠ 소유권·전세권 및 임차권의 등기
　㉡ 합병하려는 모든 건물에 있는 등기원인 및 그 연월일과 접수번호가 동일한 저당권에 관한 등기
　㉢ 합병하려는 모든 건물에 있는 신탁원부의 등기사항이 동일한 신탁등기

2. 건물멸실등기

(1) 의의

건물이 멸실한 때에는 등기기록 중 표제부에 멸실의 뜻과 그 원인 또는 부존재의 뜻을 기록하고 표제부의 등기를 말소하는 표시를 한 후 그 등기기록을 폐쇄하여야 하는 등기를 말한다.

(2) 단독신청

멸실등기는 소유자의 단독신청에 의한다.

(3) 등기신청의무

① 건물소유권의 등기명의인은 그 사실이 있는 때로부터 1개월 이내에 그 등기를 신청한다.
② 건물소유권의 등기명의인이 1개월 이내에 등기를 신청하지 아니하는 경우에는 그 건물대지의 소유자가 건물소유권의 등기명의인을 대위하여 그 등기를 신청할 수 있다.

(4) 첨부정보

건물멸실등기를 신청하는 경우에는 그 멸실이나 부존재를 증명하는 건축물대장 정보나 그 밖의 정보를 첨부정보로서 등기소에 제공하여야 한다.

(5) 건물의 부존재

존재하지 아니하는 건물에 대한 등기가 있을 때에는 그 소유권의 등기명의인은 지체 없이 그 건물의 멸실등기를 신청하여야 한다.

(6) 멸실등기의 실행

등기관이 건물의 멸실등기를 할 때에는 등기기록 중 표제부에 멸실의 뜻과 그 원인 또는 부존재의 뜻을 기록하고 표제부의 등기를 말소하는 표시를 한 후 그 등기기록을 폐쇄하여야 한다.

3. 대지권의 변경등기

(1) 의의

대지권의 변경등기란 대지권의 새로운 발생(규약대지 설정), 변경, 경정, 소멸(규약대지 폐지) 등을 말하는데, 이는 건물의 표시변경등기에 해당된다.

(2) 대지권변경등기의 종류

① 대지권의 변경 또는 경정
② 대지권인 권리 자체가 소멸하여 대지권 소멸의 등기
③ 대지권을 대지권이 아닌 것으로, 대지권이 아닌 것을 대지권으로 한 등기를 경정

03 경정등기

1. 의의

등기관이 등기를 마친 후 그 등기에 착오(錯誤)나 빠진 부분이 있음을 발견하였을 때에는 지체 없이 그 사실을 등기권리자와 등기의무자에게 알려야 하고, 등기권리자와 등기의무자가 없는 경우에는 등기명의인에게 알려야 한다.

2. 경정등기의 요건

① 등기의 완료 후에 착오나 빠진 부분이 발견될 것
② 등기사항의 일부에 대한 착오 또는 빠진 부분이 발견될 것
③ 착오 또는 빠진 부분의 원인은 불문함
④ 등기의 경정 전후를 통하여 동일성이 인정될 것

3. 등기의 절차

(1) 등기의 신청 형태

① **단독신청**: 부동산표시의 경정등기와 등기명의인 표시경정등기는 단독신청
② **공동신청**: 권리의 경정등기는 등기권리자와 등기의무자가 공동신청

(2) 등기의 실행방법

① **부동산표시경정등기**: 주등기의 방법
② **등기명의인의 표시경정등기**: 부기등기의 방법
③ **권리경정등기**: 주등기 또는 부기등기의 방법

(3) 직권경정등기

① 등기관이 등기의 착오나 빠진 부분이 등기관의 잘못으로 인한 것임을 발견한 경우
② 등기상 이해관계 있는 제3자가 있는 경우에는 제3자의 승낙 필요
③ 지방법원장에게 보고하는 사항
④ 등기관이 직권경정등기를 하였을 때에는 그 사실을 등기권리자, 등기의무자 또는 등기명의인에게 통지(등기권리자 또는 등기의무자가 수인인 경우에 1인에게 통지)

개념 PLUS | 경정등기절차에 관한 업무처리지침(등기예규 제1564호)

1. **권리에 관한 경정등기**
   ① **권리 자체를 경정**(소유권이전등기를 저당권설정등기로 경정, 저당권설정등기를 전세권설정등기로 경정하는 경우)하거나 **권리자 전체를 경정**(권리자를 甲에서 乙로 경정, 甲과 乙의 공동소유에서 丙과 丁의 공동소유로 경정하는 경우 등)하는 등기신청은 수리할 수 없다.
   ② 경정등기를 할 수 있는 경우의 예시
   - **소유권보존등기의 경정**: 단독소유의 소유권보존등기를 공동소유로 경정하거나 공동소유를 단독소유로 경정하는 경우
   - **상속으로 인한 소유권이전등기의 경정**: 법정상속분대로 등기된 후 협의분할에 의하여 소유권경정등기를 신청하는 경우 또는 협의분할에 의한 상속등기 후 협의해제를 원인으로 법정상속분대로 소유권경정등기를 신청하는 경우

2. **등기명의인표시의 경정**
   ① **등기명의인표시경정의 의의**: 등기명의인표시경정이란 **등기명의인의 성명, 주소, 또는 주민등록번호 등을 경정**하는 것을 말한다. 등기명의인의 수를 증감하는 것(단독소유를 공유로, 공유를 단독소유로 하는 경우 등)은 등기명의인표시경정이 아니다.
   ② **인격의 동일성**: 등기명의인표시경정등기는 경전 전후의 등기가 표창하고 있는 등기명의인이 **인격의 동일성을 유지**하는 경우에만 신청할 수 있다(법인 아닌 사단을 법인으로 경정하는 등기를 신청하는 등 동일성을 해하는 신청은 수리할 수 없다).

3. 등기관의 과오로 등기의 착오 또는 유루가 발생한 경우(직권에 의한 경정)

⚡기출

01 법정상속분에 따라 상속등기를 마친 후에 공동상속인 중 1인에게 재산을 취득케 하는 상속재산 분할협의를 한 경우에는 ( )를 할 수 있다.
제19회

02 법인 아닌 사단이 법인화된 경우에는 등기명의인을 법인으로 경정하는 등기를 신청할 수 ( ).
제19회

기출정답
01 소유권경정등기
02 없다

제5장 권리에 관한 등기

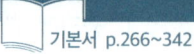
기본서 p.266~342

01 권리의 등기의 통칙

	신청형태(원칙)	예외	등기형태
권리의 변경등기	공동신청		부기등기 또는 주등기
등기명의인표시 변경등기	단독신청	직권등기	부기등기
말소등기	공동신청	단독신청, 직권말소	주등기
말소회복등기	공동신청	직권회복	• 전부말소회복등기: 주등기 • 일부말소회복등기: 부기등기

1. 권리변경등기

(1) 의의

권리변경등기란 등기부의 갑구 또는 을구에 기록된 권리내용에 후발적 변경이 생긴 경우에 이를 고치기 위하여 행하여지는 등기로서 전세금의 증액, 존속기간의 변경, 저당권에서의 이율의 변경 등이 있을 때에 행하여지는 등기이다.

(2) 등기신청인 및 등기실행방법

① **공동신청**: 권리변경등기는 등기권리자와 등기의무자가 공동신청함이 원칙이다.

② 등기의 형식
  ㉠ 이해관계인이 없는 경우: 부기등기의 원칙
  ㉡ 이해관계인이 있는 경우
    ⓐ 승낙서나 재판등본을 첨부한 경우: 부기등기
    ⓑ 승낙서를 첨부하지 못한 경우: 주등기

> ⚡기출
> **01** 권리의 변경등기는 등기상 이해관계가 있는 제3자의 승낙이 없는 경우에 (   )로 등기할 수 있다. 제30·31·35회

기출정답
01 주등기

> **📌 암기 PLUS | 이해관계 있는 제3자** – 등기부의 기재형식상으로 보아 불이익(손해)을 받을 염려가 있는 자

이해관계인에 해당하는 자	• 1번 전세권의 전세금증액에 대한 2번 저당권자 • 1번 전세권 존속기간연장에 대한 2번 저당권자
이해관계인이 아닌 자	• 1번 전세권이 전세금감액에 대한 2번 저당권자 • 2번 전세권의 전세금증액에 대한 1번 저당권자

2. 등기명의인의 표시변경등기

(1) 의의

등기명의인의 동일성을 나타내는 표시사항이 후발적으로 변경된 경우, 즉 등기명의인의 성명·주소·주민등록번호 등이 변경된 경우에 행하는 등기이다.

(2) 등기신청 및 등기실행방법

① **단독신청의 원칙**: 등기명의인이 단독으로 신청
② **첨부정보**: 신청정보에 그 표시의 변경 또는 경정을 증명하는 시·구·읍·면장의 정보 또는 이를 증명할 수 있는 정보를 첨부
③ **등기의 실행**: 등기명의인의 표시의 변경등기는 부기등기

(3) 등기관의 직권에 의한 변경등기

① 소유권이전등기를 신청할 때 주소증명서면에 등기의무자의 등기부상 주소가 변경된 사실이 명백한 경우에 등기관이 직권으로 등기명의인 표시변경등기를 하여야 한다.
② 행정구역 또는 행정구역의 명칭의 변경이 있는 경우에 등기관이 직권으로 할 수 있다.

(4) 등기명의인 표시변경등기의 생략

주소가 순차로 변경된 경우 중간의 주소변경등기, 소유권 이외의 권리의 말소등기를 신청하는 경우, 멸실등기를 신청하는 경우에는 등기명의인 표시변경등기를 생략할 수 있다.

⚡ 기출

01 등기관이 토지소유권의 등기명의인 표시변경등기를 하였을 때에는 지체 없이 그 사실을 (　　) 에 알려야 한다. 제31회

기출정답

01 지적소관청

3. 말소등기

(1) 의의

말소등기란 기존등기 전부가 부적법한 경우에 이를 소멸하기 위한 등기를 말한다(예 채무를 변제한 경우 저당권말소등기, 존속기간의 만료로 인한 전세권말소등기).

(2) 말소등기의 요건

① 등기의 전부가 부적법할 것
② 부적법의 원인은 이유를 불문
③ 이해관계인의 승낙서를 첨부할 것
  ㉠ 말소등기에 등기상 이해관계 있는 제3자가 있을 때에는 신청서에 그 승낙서 또는 이에 대항할 수 있는 재판의 등본을 첨부하여야 한다.
  ㉡ 이해관계 있는 제3자란 등기부의 기재에 의하여 형식적으로 판단할 때 손해를 받게 될 지위에 있는 자를 말하고, 등기부에 기재되어 있지 않는 자는 이해관계 있는 제3자에 해당되지 아니한다.

> **암기 PLUS | 이해관계인의 예** - 말소될 권리를 목적으로 하는 자
> 1. 지상권의 말소등기시에 그 지상권을 목적으로 하는 저당권자
> 2. 전세권의 말소등기시에 그 전세권을 목적으로 하는 저당권자
> 3. 소유권보존등기의 말소시에 그 부동산을 목적으로 하는 저당권자
> 4. 소유권이 甲에서 乙로 이전되고 乙이 丙에게 저당권을 설정한 경우 乙의 소유권이전등기의 말소신청시 저당권자는 丙

(3) 등기절차

① **공동신청의 원칙**: 말소등기도 공동신청함이 원칙이다.
② **단독신청에 의하는 경우**
  ㉠ 소유권보존등기의 말소
  ㉡ 판결 또는 상속에 의한 등기
  ㉢ 사망으로 인한 권리의 소멸
  ㉣ 등기의무자의 소재불명
  ㉤ 가등기의 말소등기

⚡ 기출

01 말소등기신청의 경우에 등기상 이해관계 있는 제3자란 등기의 말소로 인하여 손해를 입을 우려가 있다는 것이 등기기록에 의하여 (   )으로 인정되는 자를 말한다.
_{제26·28·29회}

02 甲 ➡ 乙 ➡ 丙 순으로 소유권이전등기가 된 상태에서 乙 명의의 소유권이전등기를 말소할 때에는 丙의 승낙이 필요 (   ).
_{제23회}

03 말소할 권리가 전세권 또는 저당권인 경우에 제권판결에 의하지 않고 전세금반환증서 또는 영수증에 의하여 등기권리자가 단독으로 말소등기를 신청할 수 (   ).
_{제23회}

기출정답
01 형식적 02 없다
03 없다

③ 등기관의 직권에 의한 말소등기
  ㉠ 환매권 행사에 의한 권리취득등기를 한 경우의 환매특약
  ㉡ 토지수용에 의한 소유권이전등기시 그 부동산 위에 존재하는 소유권 이외의 권리의 등기(그 부동산을 위하여 존재하는 지역권과 토지수용위원회가 존속을 인정한 권리는 제외)
  ㉢ 법 제29조 제1호·제2호에 위반한 등기
  ㉣ 가등기에 기한 본등기를 하는 경우 양립불가능한 중간처분의 등기
  ㉤ 말소등기시 등기상 이해관계인의 승낙서를 첨부한 경우의 제3자의 등기의 말소

(4) 말소등기의 실행방법

① 등기를 말소할 때에는 말소의 등기를 한 후 해당 등기를 말소하는 표시를 하여야 한다. 말소등기의 방식은 항상 **주등기(독립등기)**로 한다.
② 말소등기의 경우에 말소할 권리를 목적으로 하는 제3자의 권리에 관한 등기가 있을 때에는 등기기록 중 해당구에 그 제3자의 권리의 표시를 하고 어느 권리의 등기를 말소함으로 인하여 말소한다는 뜻을 기록하여야 한다.

4. 말소회복등기

(1) 의의

등기사항의 전부 또는 일부가 부적법하게 말소된 경우에 그 말소 전의 상태를 회복하기 위해서 하는 등기를 말한다.

(2) 말소회복등기의 요건

① 등기가 부적법하게 말소되었을 것
  ㉠ 부적법하게 말소된 이유는 실체적 이유이든, 절차적 하자이든 불문한다.
  ㉡ 법률상 소멸원인이 없는데도 당사자가 자발적으로 말소등기를 한 경우에는 말소회복등기를 할 수 없다.
② 말소된 등기를 회복하려는 것일 것
  ㉠ 말소회복등기는 말소된 등기의 회복을 목적으로 하므로, 매매를 원인으로 한 소유권이전등기가 원인무효인 경우에는 소유권이전등기의 말소등기를 신청하여야 하며, 말소회복등기는 신청할 수 없다.
  ㉡ 현행법상 말소등기의 말소등기는 인정되지 않는다.

> **기출**
> 01 말소된 등기의 회복을 신청하는 경우, 등기상 이해관계 있는 제3자가 있을 때에는 그 제3자의 승낙이 필요(   ).
> 제26회

③ 제3자에게 불측의 손해를 줄 염려가 없을 것
  ㉠ 말소된 등기의 회복을 신청하는 경우에 등기상 이해관계 있는 제3자가 있을 때에는 신청서에 그 승낙서 또는 이에 대항할 수 있는 재판의 등본을 첨부하여야 한다.
  ㉡ 등기상 이해관계 있는 제3자란 등기기재의 형식상 말소된 등기가 회복됨으로 인하여 손해를 입을 우려가 있는 제3자를 의미한다.
  ㉢ 손해 여부의 판단시점은 말소등기시가 아니라 **회복등기시**를 기준으로 판단한다.
  ㉣ 말소회복등기와 양립할 수 없는 등기는 말소회복등기의 전제로서 말소되어야 할 것으로 그 등기명의인은 이해관계 있는 제3자에 해당하지 않는다.

(3) 등기개시절차

① **공동신청의 원칙**: 등기권리자와 등기의무자가 공동신청함이 원칙이다.
② **단독신청**: 불법말소된 상속등기의 회복등기는 단독신청에 의한다.
③ **직권으로**: 등기관이 직권으로 말소한 등기는 직권으로 회복등기를 한다.

(4) 등기의 실행방법

등기회복의 신청을 받아 등기를 회복할 때에는 회복의 등기를 한 후 다시 말소된 등기와 동일한 등기를 하여야 한다. 다만, 등기사항의 일부만이 말소된 것일 때에는 부기에 의하여 등기하여야 한다(**전부말소회복등기**는 주등기, **일부말소회복등기**는 부기등기).

(5) 말소회복등기의 효력

말소회복등기가 경료되면 말소 전의 등기와 동일한 효력이 있고, 등기의 순위도 종전 등기순위와 같다.

기출정답
01 하다

02 소유권보존등기 빈출

1. 의의

소유권보존등기란 미등기부동산에 대하여 소유권을 원시취득한 자가 최초로 신청하는 등기이고, 등기부에 최초로 행하여지는 등기이다. 그러나 소유권보존등기로 인하여 소유권이 창설되는 것은 아니며 소유권의 존재를 외부에 공시하는 것에 불과하다.

2. 대상물건 및 신청방법

(1) 대상물건

① 소유권보존등기는 1부동산 1등기기록 원칙상 1필의 토지나 1동의 건물의 전부에 대하여 신청하여야 한다.
② 미등기부동산을 수인이 공동소유하는 경우
  ㉠ 공유자 전원이 공동으로 소유권보존등기를 신청할 수 있다.
  ㉡ 공유자 1인이 전원을 위하여 소유권보존등기를 신청할 수 있다.
  ㉢ 공유자 1인이 자기의 지분만을 보존등기를 신청할 수 없다.

(2) 신청방법 - 단독으로 신청

3. 소유권보존등기의 신청적격자(등기예규 제1483호)

(1) 대장에 최초의 소유자로 등록되어 있는 것을 증명하는 자, 상속인 또는 포괄승계인

① 대장에 최초의 소유자로 등록된 자: 대장등본에 의하여 보존등기를 신청할 수 있는 자는 대장에 자기 또는 피상속인이 최초의 소유자로 등록되어 있음을 증명하는 자이어야 한다.
② 대장상 소유권이전등록을 받은 자: 대장상 소유권이전등록을 받은 소유명의인 및 그 상속인은 자기 명의로 직접 소유권보존등기를 신청할 수 없고, 대장상 최초의 소유자 명의로 소유권보존등기를 한 다음 자기 명의로 소유권이전등기를 신청하여야 한다.
③ 미등기토지의 지적공부상 '국'으로부터 소유권이전등록을 받은 경우

TIP

소유권보존등기는 매년 출제되는 부분으로 보존등기의 신청적격자와 직권보존등기부분을 정확하게 이해하여야 한다.

⚡기출

01 토지대장에 최초의 소유자로 등록되어 있는 자로부터 그 토지를 (　　) 유증을 받은 자는 자기 명의로 소유권보존등기를 신청할 수 있다.
제25·34회

기출정답

01 포괄

(2) 판결에 의하여 자기의 소유권을 증명하는 자

① **판결의 종류**: 소유권을 증명하는 판결은 보존등기신청인의 소유임을 확정하는 내용의 것이어야 한다. 그러나 그 판결은 **소유권확인판결**에 한하는 것은 아니며, **형성판결이나 이행판결**이라도 그 이유 중에서 보존등기신청인의 소유임을 확정하는 내용의 것이면 이에 해당한다.

② **소유권을 증명하는 판결에 있어서의 상대방**
  ㉠ 토지(임야)대장 또는 건축물대장상에 자기 또는 피상속인이 최초의 소유자로 등록되어 있는 자(대장상 소유자표시를 정정등록한 경우의 정정등록된 소유명의인을 포함)
  ㉡ 미등기토지의 지적공부상 '국'으로부터 소유권이전등록 받은 자
  ㉢ 토지(임야)대장상의 소유자표시란이 공란으로 되어 있거나 소유자표시에 일부 누락이 있어 대장상의 소유자를 특정할 수 없는 경우에는 **국가**(건물은 **시장, 군수, 구청장**을 상대로 한다)

③ **위 판결에 해당하는 경우의 예시**
  ㉠ 당해 부동산이 보존등기 신청인의 소유임을 이유로 보존등기의 말소를 명한 판결
  ㉡ 토지대장상 공유인 미등기토지에 대한 공유물분할의 판결(다만 이 경우에는 공유물분할의 판결에 따라 토지의 분필절차를 먼저 거친 후에 보존등기를 신청)

> **개념 PLUS | 판결에 해당하지 않는 경우**
> 1. 매수인이 매도인을 상대로 토지의 소유권이전등기를 구하는 소송에서 매도인이 매수인에게 매매를 원인으로 한 소유권이전등기절차를 이행하고 당해 토지가 매도인의 소유임을 확인한다는 내용의 화해조서
> 2. 건물에 대하여 국가를 상대로 한 소유권확인판결
> 3. 건물에 대하여 건축허가명의인(또는 건축주)을 상대로 한 소유권확인판결

(3) 수용으로 인하여 소유권을 취득하였음을 증명하는 자

미등기부동산을 수용한 경우 수용주체는 부동산의 소유권을 원시취득하므로 자기 명의로 소유권보존등기를 신청할 수 있다.

(4) 특별자치도지사, 시장, 군수, 구청장의 확인에 의하여 자기의 소유권을 증명하는 자(건물에 한정)

시장 등이 발급한 사실확인서

⚡ **기출**

01 토지에 대하여 ( )를 상대로 한 소유권확인판결에 의해서 자기의 소유권을 증명하는 자는 소유권보존등기를 신청할 수 있다. 제26회

02 군수의 확인에 의해 미등기 ( )이 자기의 소유임을 증명하는 자는 소유권보존등기를 신청할 수 있다. 제29·30·33·34·36회

기출정답
01 국가 **02** 건물

4. 신청정보의 기재사항과 첨부정보

(1) 신청정보의 기재사항

신청정보에는 일반적 기재사항 이외에 법 제65조 각 호에 의하여 등기를 신청하는 뜻을 기록하여야 한다. 그러나 **등기원인**과 **그 연월일**은 기록하지 아니한다.

(2) 첨부정보

첨부할 정보	첨부하지 않는 정보
• 등기신청정보 • 대장등본 기타 소유자임을 증명하는 정보 • 신청인 주소증명정보 • 대장정보	• 등기원인정보 • 등기의무자의 등기필정보 • 인감증명 • 등기원인에 대한 제3자의 허가 · 동의 · 승낙정보

5. 등기의 실행

소유권보존등기는 등기기록을 새로 개설하고 표제부와 갑구에 등기사항을 기록한다. 이때 갑구에 등기원인과 연월일은 기록하지 않는다.

6. 직권보존등기의 특례

(1) 보존등기의 대상

① 미등기부동산에 소유권의 처분제한의 등기촉탁에 의하여 처분제한등기를 할 때(과세관청의 촉탁에 따른 체납처분에 의한 압류등기는 제외)
② 미등기건물에 법원의 임차권명령등기의 촉탁이 있을 때

(2) 직권보존등기의 절차

① 등기관은 직권으로 소유권보존등기를 한 때에는 등기필정보를 작성하지 아니하고 직권보존등기완료통지서를 부동산소유자에게 송부하여야 한다.
② 직권에 의한 소유권보존등기가 경료된 경우에는 그 전제가 된 소유권의 처분제한등기가 말소되더라도 직권으로 행하여진 소유권보존등기는 말소되지 아니한다.

⚡기출

01 토지에 대한 소유권보존등기의 경우, ( )을 기록하지 아니한다.
제29 · 30 · 31 · 33 · 36회

02 법원이 미등기부동산에 대한 소유권의 ( )를 촉탁한 경우, 등기관은 직권으로 소유권보존등기를 하여야 한다.
제27 · 29 · 30 · 31 · 33 · 36회

기출정답
01 등기원인과 그 연월일
02 처분제한등기

03 소유권이전등기 〈빈출〉

1. 소유권의 전부이전등기

(1) 의의

소유권의 전부이전등기란 소유권보존등기 후 단독소유의 부동산을 이전하거나 1필지 일부를 분할하여 매매, 교환 등으로 소유권을 타인에게 이전하는 경우를 말한다. 소유권이전등기절차는 등기의 원칙을 따르면 되고 「부동산등기 특별조치법」에 따른 신청의 특칙이 있다.

(2) 등기신청의무

(3) 등기원인 허위기재 등의 금지

(4) 검인계약서의 의무화

(5) 거래신고필증과 매매목록

> **개념 PLUS | 거래가액등기의 대상과 매매목록**
>
> 1. 거래가액등기의 대상
>   - 2006년 1월 1일 이후 작성된 매매계약서를 등기원인정보로 소유권이전등기를 신청하는 경우
>   - 소유권이전청구권가등기에 의한 본등기를 신청하는 경우
> 2. 매매목록이 필요한 경우
>   - 1개의 신고필증에 2개 이상의 부동산이 기재되어 있는 경우
>   - 신고필증에 부동산이 1개라 하더라도 수인과 수인 사이의 매매인 경우

2. 소유권의 일부이전등기

(1) 의의

① 소유권의 일부이전등기란 단독소유를 공유로 하거나 또는 공유물의 지분을 이전하거나 지분의 일부를 이전하는 것을 말한다.
② 부동산의 일부를 이전하는 것을 의미하는 것은 아니다.

TIP
소유권등기에서 공동소유, 수용등기, 신탁등기가 자주 출제되고 있으며 소유권 전반에 관한 종합문제도 출제되고 있으므로 특히 주의하여야 한다.

TIP
소유권의 일부이전은 지분의 이전을 의미하므로 허용이 되지만, 부동산의 일부이전은 분필절차를 거치기 전에는 허용되지 아니한다(소유권의 일부이전과 부동산의 일부이전은 구별하여야 한다).

(2) 등기의 신청

① 소유권 일부이전의 등기를 신청하는 경우에는 신청서에 그 지분을 표시하고, 만일 등기원인에 공유물불분할의 약정이 있을 때에는 그 약정에 관한 사항도 기록하여야 한다.
② 위 ①의 약정의 변경등기는 공유자 전원이 **공동으로 신청**하여야 한다.
③ 공유물불분할의 특약은 5년을 넘지 못하며, 갱신한 때에는 갱신한 날로부터 5년을 넘지 못한다.

(3) 신청정보 및 등기기록의 기록사항

① 공유자인 甲의 지분을 전부이전하는 경우 '甲지분 전부이전'
② 공유자인 甲의 지분을 일부이전하는 경우 '甲지분 ○분의 ○ 중 일부(○분의 ○)이전'으로 기록하되 이전하는 지분은 **부동산 전체에 대한 지분**을 명시하여 괄호 안에 기록[甲지분 2분의 1 중 일부(4분의 1)이전]

> ★ **개념 PLUS | 소유권의 포기 관련**
>
> 1. 토지거래규제지역 내에 있는 수인공유의 토지를 공유자 중 일부가 그 지분을 포기함으로써 다른 공유자 앞으로 권리귀속으로 인한 소유권이전등기를 신청하는 경우에 신청서에 토지거래허가서를 첨부할 필요는 없다.
> 2. 공유부동산에 대하여 공유자 일부에 의한 지분포기로 인하여 다른 공유자 앞으로 지분이전등기를 신청하는 경우에 공동으로 신청하며, 그 부동산이 농지라면 농지매매증명을 첨부하여야 한다.
> 3. 건물 또는 토지의 소유권을 포기한 경우 그 소유권을 포기한 자는 단독으로 그에 따른 등기를 신청할 수 없으며, 「민법」 제252조 제2항에 의하여 그 소유권을 취득하는 국가와 공동으로 소유권 포기를 원인으로 한 소유권이전등기를 신청하여야 한다(등기예규 제816호).

⚡ 기출

01 등기된 공유물분할금지기간을 단축하는 약정에 관한 변경등기는 (　　)으로 신청하여야 한다. 제28·30·36회

02 공유자 중 1인의 지분포기로 인한 소유권이전등기는 (　　)으로 신청한다. 제28·30·32·34회

03 갑구 순위번호 2번에 기록된 A의 공유지분 4분의 3 중 절반을 B에게 이전하는 경우, 등기목적란에 '2번 A지분 4분의 3 중 일부(　　)이전'으로 기록한다. 제29회

기출정답

01 공유자 전원이 공동
02 공동　**03** 8분의 3

(4) 합유등기

> **★ 개념 PLUS | 합유등기의 사무처리에 관한 예규(등기예규 제911호)**
>
> 1. **등기부상 합유표시 방법**
>   등기부상 각 합유자의 지분을 표시하지 아니한다.
> 2. **등기부상 합유자가 변경되는 경우**
>   ① **합유자 중 일부가 교체되는 경우**: 합유자 중 일부가 나머지 합유자들 전원의 동의를 얻어 그의 지분을 타에 매도 기타 처분하여 종전의 합유자 중 일부가 교체되는 경우에 합유지분을 처분한 합유자와 취득한 합유자 및 잔존 합유자의 공동신청으로 합유명의인 변경등기신청을 하여야 한다.
>   ② **합유자 중 일부가 탈퇴한 경우**: 잔존 합유자가 수인인 경우 합유자 중 일부가 그 합유지분을 잔존 합유자에게 처분하고 합유자의 지위에서 탈퇴한 경우 잔존 합유자가 수인인 때에는 탈퇴한 합유자와 잔존 합유자의 공동신청으로 잔존 합유자의 합유로 하는 합유명의인 변경등기신청을 하여야 한다.
>   ③ **합유자 중 일부가 사망한 경우**: 사망사실을 증명하는 서면을 첨부
>   • 합유자가 3인 이상인 경우에 그 중 1인이 사망한 때에는 잔존 합유자는 잔존 합유자의 합유로 하는 합유명의인 변경등기신청을 할 수 있다.
>   • 합유자가 2인인 경우에 그 중 1인이 사망한 때에는 잔존 합유자는 잔존 합유자의 단독소유로 하는 합유명의인 변경등기신청을 할 수 있다.
> 3. **공유를 합유로 변경하는 경우**
>   공유자 전부 또는 일부가 그 소유관계를 합유로 변경하는 경우, 합유로 변경하려고 하는 공유자들의 공동신청으로 'ㅇㅇㅇㅇ년 ㅇ월 ㅇ일 변경계약'을 원인으로 한 합유로의 변경등기신청을 하여야 한다.
> 4. **단독소유를 수인의 합유로 이전하는 경우**
>   단독소유를 수인의 합유로 이전하는 경우, 단독소유자와 합유자들의 공동신청으로 소유권이전등기신청을 하여야 한다.

⚡ 기출

01 합유등기에 있어서는 등기부상 (　　)을 표시하지 아니한다.
　　　　　　　　　제29·30회

02 합유자 중 1인이 다른 합유자 전원의 동의를 얻어 합유지분을 처분하는 경우, 지분이전등기를 신청할 수 (　　).
　　　　　　　　　제22·30회

3. 상속으로 인한 소유권이전등기

(1) 의의

① 피상속인의 사망으로 상속인이 피상속인의 부동산에 대하여 소유권을 이전받는 것을 말한다.
② 상속인은 상속의 개시(사망)로 등기 없이 그 권리를 취득하나, 그 권리를 처분하기 위하여 등기를 하여야 한다.

기출정답

01 합유자의 지분　**02** 없다

(2) 등기절차(등기예규 제1835호)

① 신청인
   ㉠ 상속등기는 성질상 상속인이 단독으로 신청한다.
   ㉡ 상속인이 수인인 경우에 상속인 전원이 동시에 신청하여야 하고, 상속인 중 1인이 전원명의로 상속등기의 신청을 할 수 있다(단, 상속인 중 1인이 **자기지분만에 관한 상속등기**는 신청할 수 없다).
   ㉢ 상속재산의 분할 또는 다른 상속인의 상속포기로 인하여 상속인 중 일부만이 신청 부동산의 소유자인 경우에는 그 소유권을 취득한 상속인만이 ㉠ 또는 ㉡에 따라 상속으로 인한 소유권이전등기를 신청할 수 있다.
   ㉣ 상속인이 한정승인 또는 포기를 할 수 있는 기간 내라도 상속인의 채권자는 대위에 의한 상속등기를 신청할 수 있다.

② 신청정보의 기재사항
   ㉠ 등기원인은 '상속', 등기원인일자는 '피상속인의 사망일'을 기재한다.
   ㉡ 여러 명의 상속인이 있는 경우에는 공동상속인 전원을 등기권리자로 기재하고 각 상속인별로 상속지분을 반드시 기재하여야 하며, 상속분이 같을 때에도 또한 같다.

③ 첨부정보
   ㉠ **상속을 증명하는 서면**: 「가족관계의 등록 등에 관한 법률」에 의한 등록사항별 증명서, 구 호적법상 제적등본, 협의분할계약서 등
   ㉡ **피상속인의 주소를 증명하는 서면**: 등기명의인과 피상속인의 동일성을 확인하기 위해 이 예규에서 정하는 경우
   ㉢ 상속인의 주소 및 주민등록번호를 증명하는 서면

(3) 협의분할에 의한 상속등기

구분	등기목적	등기원인일자
상속등기 전에 협의분할	소유권이전등기	피상속인의 사망시
상속등기 후에 협의분할	소유권경정등기	협의분할일

4. 유증에 의한 등기(등기예규 제1512호)

(1) 유증의 의의

① 유증이란 유언자가 유언에 의하여 자기의 재산을 수증자에게 사후에 무상으로 증여하는 상대방 없는 단독행위를 말하며, 상속재산에 대하여 일정한 비율액을 증여하는 포괄유증과 특정의 재산을 증여하는 특정유증으로 구별한다.

⚡ **기출**

01 유증을 원인으로 하는 소유권이전에 있어서, ( )은 등기 없이도 물권변동의 효력이 발생하지만 ( )은 등기하여야 효력이 발생한다.
제21·24회

기출정답
01 포괄유증, 특정유증

② 포괄유증은 상속과 동일하게 처리하므로 유증자의 사망시에 등기 없이 권리가 수증자에게 귀속하지만, 특정유증은 증여와 동일하게 처리하므로 등기하여야 효력이 발생한다.

(2) 신청인

① **소유권보존등기의 신청인**
  ㉠ 유증의 목적 부동산이 미등기인 경우에는 토지대장(임야대장·건축물대장)에 최초의 소유자로 등록되어 있는 자 또는 그 상속인의 포괄적 수증자가 단독으로 소유권보존등기를 신청할 수 있다.
  ㉡ 유증의 목적 부동산이 미등기인 경우에 특정유증을 받은 자는 소유권보존등기를 신청할 수 없고, 유언집행자가 상속인 명의로 소유권보존등기를 마친 후에 유증을 원인으로 소유권이전등기를 신청하여야 한다.

② **소유권이전등기의 신청인**
  ㉠ 유증을 원인으로 한 소유권이전등기는 포괄유증이나 특정유증을 불문하고 수증자를 등기권리자, 유언집행자 또는 상속인을 등기의무자로 하여 **공동신청**하여야 한다.
  ㉡ 수증자가 여럿인 포괄유증의 경우에는 수증자 전원이 공동으로 신청하거나 **각자가 자기지분만에 대하여 소유권이전등기**를 신청할 수 있다.

(3) 소유권이전등기의 신청방법

① **수증자 명의로 직접 신청**: 포괄유증이든 특정유증이든 모두 상속등기를 거치지 않고 유증자로부터 직접 수증자 명의로 등기를 신청하여야 한다.
② **유증의 가등기**: 유증을 원인으로 한 소유권이전등기청구권보전의 가등기는 유언자가 사망한 후인 경우에는 이를 수리하되, 유언자가 생존 중인 경우에는 이를 수리하여서는 아니 된다.

(4) 신청정보

① 등기원인은 '○년 ○월 ○일 유증'으로 기재하되, 그 연월일은 유증자가 사망한 날(조건 또는 기한이 붙은 경우에는 조건이 성취한 날 또는 기한이 도래한 날)을 기재한다.
② 유증자의 **등기필정보**를 신청정보의 내용으로 제공한다.

(5) 유류분과의 관계

포괄적 수증자의 소유권보존등기 및 유증으로 인한 소유권이전등기 신청이 상속인의 유류분을 침해하는 경우에도 등기관은 이를 수리하여야 한다.

⚡기출

01 미등기부동산이 특정유증된 경우, 유언집행자는 (   ) 명의의 소유권보존등기를 거쳐 유증으로 인한 소유권이전등기를 신청하여야 한다.
제24·35회

1 유증을 원인으로 한 소유권이전등기 전에 상속등기가 이미 마쳐진 경우에는 상속등기를 말소하지 않고 상속인으로부터 수증자에게로 유증에 의한 소유권이전등기를 신청할 수 있다.

기출정답
01 상속인

5. 토지수용에 의한 소유권이전등기

(1) 의의

공익사업을 위하여 필요한 경우 타인토지의 소유권 기타의 권리를 법률이 정하는 바에 의하여 강제적으로 타인의 토지를 취득하는 경우로서, 성질은 원시취득에 해당하나 등기는 소유권이전등기의 방식에 의한다.

(2) 등기절차

① **신청인**
   ㉠ 토지수용으로 인한 소유권이전등기는 등기권리자가 **단독**으로 신청할 수 있다.
   ㉡ 관공서가 기업자인 경우에는 그 관공서는 지체 없이 등기를 **촉탁**하여야 한다.

② **신청정보의 기재사항**: 등기원인은 '토지수용', 등기원인일자는 '수용일자'를 기재한다.

③ **첨부정보**
   ㉠ 등기원인정보로 재결에 의한 수용일 때에는 토지수용위원회의 재결서등본을, 협의성립에 의한 수용일 때에는 토지수용위원회의 협의성립확인서 또는 협의성립의 공정증서와 그 수리증명서를 첨부한다.
   ㉡ 보상을 증명하는 서면으로 보상금수령증 원본 또는 공탁서 원본을 첨부한다.
   ㉢ 등기의무자의 '등기필정보'나, '인감증명서'는 첨부할 필요가 없다.

④ **대위등기신청**: 기업자는 등기명의인이나 상속인을 갈음하여 토지의 표시 또는 등기명의인의표시의 변경·경정 또는 상속으로 인한 소유권이전등기를 신청할 수 있다.

⑤ **토지수용으로 인한 말소등기 등**: 토지수용으로 인한 소유권이전등기를 하는 경우에는 다음의 등기는 등기관이 이를 직권으로 말소하여야 한다.
   ㉠ **수용의 개시일 이후**에 경료된 **소유권이전등기**. 다만, 수용의 개시일 이전의 상속을 원인으로 한 소유권이전등기는 그러하지 아니하다.
   ㉡ 소유권 이외의 권리 즉 지상권, 지역권, 전세권, 저당권, 권리질권 및 임차권에 관한 등기. 다만, **그 부동산을 위하여 존재하는 지역권의 등기**와 토지수용위원회의 재결에 의하여 인정된 권리는 그러하지 아니하다.
   ㉢ 가등기, 가압류, 가처분, 압류

⚡기출

01 국가 및 지방자치단체에 해당하지 않는 등기권리자는 재결수용으로 인한 소유권이전등기를 (   )으로 신청할 수 있다.
제30·32회

02 등기관이 수용으로 인한 소유권이전등기를 하는 경우 그 부동산의 등기기록 중 소유권, 소유권 외의 권리, 그 밖의 처분제한에 관한 등기가 있으면 그 등기를 직권으로 말소하여야 한다. 다만, 그 부동산을 위하여 존재하는 (   )의 등기는 그러하지 아니하다.
제27·30·31회

기출정답
01 단독 **02** 지역권

⚡ 기출

01 수용으로 인한 소유권이전등기가 된 후 토지수용위원회의 재결이 실효된 경우, 그 소유권이전등기의 말소등기는 원칙적으로 (　　)신청에 의한다. 제27·30회

02 甲 소유토지에 대해 甲과 乙의 가장매매에 의해 乙 앞으로 소유권이전등기가 된 후에 선의의 丙 앞으로 저당권설정등기가 설정된 경우, 甲과 乙은 공동으로 진정명의회복을 위한 이전등기를 신청할 수 (　　). 제29회

03 진정명의회복을 원인으로 하는 소유권이전등기를 신청하는 경우에 (　　)는 기재하지 않는다. 제35회

⑥ **재결의 실효를 원인으로 한 소유권이전등기의 말소신청 등**: 토지수용의 재결의 실효를 원인으로 하는 토지수용으로 인한 소유권이전등기의 말소의 신청은 등기의무자와 등기권리자가 **공동으로 신청**하여야 한다.

6. 진정명의회복을 원인으로 한 소유권이전등기

(1) 의의

등기원인의 무효 등으로 인하여 등기부상 등기명의인이 무권리자인 경우, 진정한 소유자는 진정한 등기명의를 회복하기 위하여 현재의 등기명의인을 상대로 그 말소등기를 청구하는 방법 외에 '진정명의회복'을 등기원인으로 하여 소유권이전등기의 이행을 구하는 것도 허용된다.

(2) 등기절차

① **등기신청방법**
　㉠ 현재의 등기명의인과 공동신청하거나 또는 판결을 받아 단독신청할 수 있다.
　㉡ 등기권리자의 상속인(포괄승계인을 포함)도 등기를 신청할 수 있다.

② **신청정보의 기재사항**: 신청서에 등기의 목적은 '소유권이전'으로, 등기원인은 '진정명의회복'으로 기재하되, **등기원인일자**는 기재하지 않는다.

③ **첨부정보**
　㉠ 당사자의 신청에 의한 경우에는 등기원인정보는 첨부하지 아니하지만 등기필정보와 인감증명을 첨부하여야 한다.
　㉡ 등기의무자가 판결에 의한 등기를 신청하는 경우에 등기원인정보인 판결서는 첨부하지만, 등기의무자의 등기필정보, 인감증명은 첨부하지 아니한다.
　㉢ 계약을 원인으로 하는 등기가 아니므로 토지거래허가, 농지취득자격증명이나 검인을 받을 필요가 없다.

7. 환매특약등기

(1) 의의

환매라 함은 매매계약과 동시에 특약으로 매도인이 환매할 권리(환매권)를 보유한 경우에, 그 환매권을 일정한 기간 내에 행사하여 매매의 목적물을 다시 사오는 것을 말한다(환매특약등기는 대항요건).

기출정답
01 공동　02 있다
03 등기원인일자

(2) 환매설정의 등기절차

① **신청인**: 매도인이 등기권리자, 매수인이 등기의무자가 되어 공동신청한다.

② **등기신청방법**
  ㉠ **동시신청**: 환매특약의 등기는 매매로 인한 소유권이전등기와 동시에 신청하여야 하며 동일한 접수번호를 부여한다.
  ㉡ **별개의 신청정보**: 환매권의 설정등기는 소유권이전등기와는 별개의 독립한 신청정보에 의하여 신청하여야 한다.

③ **신청정보의 기재사항**
  ㉠ **필요적 기재사항**: 매수인이 지급한 매매대금과 매매비용
  ㉡ **임의적 기재사항**: 환매기간의 약정(5년 내로 결정, 연장할 수 없음)

④ **첨부정보**
  ㉠ 등기원인을 증명하는 정보를 첨부하여야 한다.
  ㉡ 등기의무자의 권리에 관한 등기필정보는 첨부하지 아니한다.
  ㉢ 등기의무자의 인감증명은 첨부하지 아니한다.

⑤ **환매권등기의 실행(등기예규 제1359호)**
  ㉠ 소유권이전등기와 환매특약등기는 동시에 신청하므로 동일한 접수번호가 부여되고, 동시에 신청하지 않는 경우 법 제29조 제2호에 해당되어 각하의 대상이 된다.
  ㉡ 환매권부매매의 매도인이 등기권리자, 환매권부매매의 매수인이 등기의무자가 되어 환매권 행사로 인한 소유권이전등기를 공동신청한다. 환매등기는 갑구에 매수인의 소유권이전등기에 부기등기를 한다.
  ㉢ 환매권부매매의 매도인으로부터 환매권을 양수받은 자가 있는 경우에는 그 양수인이 등기권리자가 되고, 환매권부매매의 목적 부동산이 환매특약의 등기 후 양도된 경우에는 그 현재 등기부상 소유명의인이 등기의무자가 된다.
  ㉣ 매매로 인한 소유권이전등기신청을 각하하는 경우 동시에 신청한 환매특약등기도 각하하지만, 반대로 환매특약의 등기신청을 각하하더라도 매매로 인한 소유권이전등기를 실행할 수 있다.

(3) 환매권의 이전등기

환매권이전등기는 부기등기의 부기등기로 실행한다.

⚡기출

01 환매등기의 경우에 매도인이 아닌 제3자를 환매권자로 하는 환매등기를 할 수 (   ). 제35회

02 환매특약의 등기는 소유권이전등기와 (   )신청하여야 한다. 제33·35회

TIP

환매특약의 등기신청 당시에는 아직 매수인 명의의 등기가 존재하지 않으므로 등기의무자의 권리에 관한 등기필정보는 첨부하지 아니한다.

기출정답

01 없다 02 동시

(4) 환매특약등기의 말소등기

① **환매권의 행사**: 등기공무원은 환매권의 행사로 인한 소유권이전등기를 할 때에는 <u>직권</u>으로 환매특약의 등기를 말소하여야 한다.
② **환매권의 실효**: 환매권 행사 이외의 원인(환매특약기간의 경과, 환매특약의 해제 등)으로 환매권이 소멸하는 경우에는 '<u>공동신청</u>'에 의해서 환매권등기를 말소한다.

8. 신탁에 관한 등기

(1) 의의

「신탁법」상 신탁이란 위탁자와 수탁자 간의 특별한 신임관계에 기하여 위탁자가 특정한 재산권을 수탁자에게 이전하고 수탁자는 그 재산권을 일정한 자의 이익을 위하여 또는 특정목적을 위하여 그 재산을 관리·처분하게 하는 법률관계를 말한다.

(2) 신탁등기의 등기사항

등기관이 신탁등기를 할 때에는 아래의 사항을 기록한 신탁원부(信託原簿)를 작성하고, 등기기록에는 그 신탁원부의 번호 및 신탁재산에 속하는 부동산의 거래에 관한 주의사항을 신탁등기에 부기등기로 기록하여야 한다.

> ① 위탁자(委託者), 수탁자 및 수익자(受益者)의 성명 및 주소(법인인 경우에는 그 명칭 및 사무소 소재지를 말한다)
> ② 수익자를 지정하거나 변경할 수 있는 권한을 갖는 자를 정한 경우에는 그 자의 성명 및 주소(법인인 경우에는 그 명칭 및 사무소 소재지를 말한다)
> ③ 수익자를 지정하거나 변경할 방법을 정한 경우에는 그 방법
> ④ 수익권의 발생 또는 소멸에 관한 조건이 있는 경우에는 그 조건
> ⑤ 신탁관리인이 선임된 경우에는 신탁관리인의 성명 및 주소(법인인 경우에는 그 명칭 및 사무소 소재지를 말한다)

⚡ 기출

01 환매에 따른 권리취득의 등기를 한 경우, 등기관은 특별한 사정이 없는 한 환매특약의 등기를 ( ) 말소해야 한다.
제33회

02 ( )는 수탁자를 대위하여 신탁등기를 신청할 수 있다.
제31·32·33회

03 신탁등기의 신청은 해당 신탁으로 인한 권리의 이전 또는 보존이나 설정등기의 신청과 함께 ( )의 신청정보로 일괄신청하여야 한다.
제26·27회

TIP
부기등기에는 "이 부동산에 관하여 임대차 등의 법률행위를 하는 경우에는 등기사항증명서뿐만 아니라 등기기록의 일부인 신탁원부를 통하여 신탁의 목적, 수익자, 신탁재산의 관리 및 처분에 관한 신탁 조항 등을 확인할 필요가 있음"이라고 기록

기출정답
01 직권으로
02 수익자 또는 위탁자
03 1건

(3) 신탁의 등기절차

① 신청형태
㉠ 「신탁법」에 따른 신탁재산에 속하는 부동산의 신탁등기는 **수탁자가 단독 신청**한다.
㉡ 「신탁법」에 따른 신탁재산회복의 경우에도 수탁자가 단독으로 신청한다.
㉢ 수익자나 위탁자는 수탁자를 대위하여 신탁의 등기를 할 수 있다.

② 동시신청
㉠ 신탁등기의 신청은 신탁으로 인한 부동산의 소유권이전등기의 신청과 **동일한 정보**로써 하여야 한다.
㉡ 「신탁법」에 따른 신탁재산에 속하는 부동산취득의 등기와 신탁재산회복의 등기를 신청하는 경우에도 동일한 정보로써 하여야 한다.

③ 신청정보 및 첨부정보
㉠ 신탁등기를 신청할 때에는 신탁원부를 신청정보에 첨부하여야 한다.
㉡ 등기관이 신탁등기를 할 때에는 신탁원부를 작성하며, 신탁원부는 부동산별로 작성한다.
㉢ 신탁원부는 등기기록의 일부로 보고, 그 기재는 등기로 본다.

④ 등기의 실행
㉠ 등기의 신청이 있는 때에는 그 등기는 등기기록 중 순위번호를 제외하고 나머지 부분에 횡선을 그어 구분하여야 한다.
㉡ 신탁의 등기를 하는 때에는 신탁원부의 번호를 기록하여야 한다.
㉢ 하나의 부동산에 대해 수탁자가 여러 명인 경우, 등기관은 그 신탁부동산이 **합유**인 뜻을 기록하여야 한다.

⑤ 신탁등기의 말소
㉠ 신탁재산인 부동산에 관한 권리의 이전으로 인하여 그 권리가 신탁재산에 속하지 아니하게 된 경우에 하는 신탁등기말소의 신청은 이전등기의 신청과 **동일한 정보**로써 하여야 한다.
㉡ 신탁등기의 말소등기는 **수탁자**가 단독으로 신청할 수 있다.
㉢ 신탁등기의 말소등기의 신청에 관하여는 수익자나 위탁자는 수탁자를 대위하여 신탁등기를 신청할 수 있다. 이 경우 위 ㉠은 적용하지 아니한다.
㉣ 등기관이 권리의 이전 또는 말소등기나 수탁자의 고유재산으로 된 뜻의 등기와 함께 신탁등기의 말소등기를 할 때에는 **하나의 순위번호**를 사용하고, 종전의 신탁등기를 말소하는 표시를 하여야 한다.

⚡ 기출

01 하나의 부동산에 대해 수탁자가 여러 명인 경우, 등기관은 그 신탁부동산이 (　)인 뜻을 기록하여야 한다. 제27·31·36회

02 신탁재산이 수탁자의 고유재산이 되었을 때에는 그 뜻의 등기를 (　)로 하여야 한다. 제32회

기출정답
01 합유　**02** 주등기

◎ 등기관이 신탁등기의 말소등기를 할 때에는 부기등기를 직권으로 말소하고, 신탁등기를 말소함으로 인하여 말소한다는 뜻을 기록하여야 한다.

> ⭐ **개념 PLUS | 신탁변경등기의 절차**
>
> 1. **촉탁에 의한 신탁변경등기(법 제85조)**
>   법원은 아래의 어느 하나에 해당하는 재판을 한 경우 지체 없이 신탁원부 기록의 변경등기를 등기소에 촉탁하여야 한다.
>   - 수탁자 해임의 재판
>   - 신탁관리인의 선임 또는 해임의 재판
>   - 신탁 변경의 재판
>
> 2. **직권에 의한 신탁변경등기(법 제85조의2)**
>   등기관이 신탁재산에 속하는 부동산에 관한 권리에 대하여 아래의 어느 하나에 해당하는 등기를 할 경우 직권으로 그 부동산에 관한 신탁원부 기록의 변경등기를 하여야 한다.
>   - 수탁자의 변경으로 인한 이전등기
>   - 여러 명의 수탁자 중 1인의 임무 종료로 인한 변경등기
>   - 수탁자인 등기명의인의 성명 및 주소(법인인 경우에는 그 명칭 및 사무소 소재지를 말한다)에 관한 변경등기 또는 경정등기
>
> 3. 수탁자는 촉탁 및 직권에 의한 변경등기에 해당하는 경우를 제외하고 신탁사항이 변경되었을 때에는 지체 없이 신탁원부 기록의 변경등기를 신청하여야 한다.

신탁등기의 예

【갑구】	(소유권에 관한 사항)			
순위번호	등기목적	접수	등기원인	권리자 및 기타사항
1	소유권보존	(생략)		소유자 조병욱 ****** - ******* 서울특별시 은평구 응암동 100
2	소유권이전	2024년 10월 5일 제12345호	2024년 10월 4일 신탁	수탁자 김훈탁 ****** - ******* 서울특별시 강남구 논현동 150
	신탁			신탁원부 제2016 - 1000호
2-1	신탁주의사항			이 부동산에 관하여 임대차 등의 법률행위를 하는 경우에는 등기사항증명서뿐만 아니라 등기기록의 일부인 신탁원부를 통하여 신탁의 목적, 수익자, 신탁재산의 관리 및 처분에 관한 신탁조항 등을 확인할 필요가 있음 2024년 10월 6일 부기

04 용익권에 관한 등기 빈출

1. 지상권에 관한 등기

(1) 지상권의 의의와 객체

① **의의**: 지상권이란 타인의 토지 위에 건물이나 기타 공작물, 수목을 소유하기 위하여 그 토지를 사용하는 용익물권을 말한다.
② **객체**: 1필지의 일부는 지상권설정이 가능하지만, 공유지분 · 이중지상권은 허용되지 아니한다.

(2) 등기절차

① **신청인**: 지상권자(등기권리자)와 지상권설정자(등기의무자)
② **신청정보의 필요적 기재사항**
  ㉠ **지상권설정의 목적**: 건물, 공작물, 수목의 소유
  ㉡ **지상권설정의 범위**: 1필의 전부 또는 일부에 가능
  ✚ 임의적 기재사항: 존속기간, 지료와 지급시기 등

> **개념 PLUS | 임의적 기재사항**
> 1. 「민법」의 기간보다 단축한 존속기간을 기재한 등기신청이라도 가능
> 2. 지상권의 존속기간은 불확정기간(철탑존속기간으로 한다)으로 가능

③ **등기의 실행**: 을구에 주등기로 실행한다.

(3) 구분지상권설정의 등기

① **의의**: 구분지상권이란 토지의 지하 또는 지상의 공간을 상하로 구분한 일정 부분에 건물 기타의 공작물을 소유하기 위하여 설정되는 지상권(수목은 제외)을 말한다.
② **등기절차**
  ㉠ **필요적 기재사항**: 지하 또는 지상에서의 상하의 범위
  ㉡ **임의적 기재사항**: 토지소유자의 토지사용제한의 특약
  ㉢ 계층적 구분건물의 특정계층만을 구분소유하기 위한 구분지상권설정은 등기할 수 없다.
  ㉣ 이중의 지상권설정등기는 허용되지 않지만, 구분지상권은 그 범위가 다르면 2개 이상의 설정등기도 가능하다(도면은 첨부하지 않는다).

기출

01 등기관이 승역지에 지역권설정의 등기를 하였을 때에는 직권으로 (　　)에 기록하여야 한다.
　　　　　제24·31회

02 지역권설정등기는 승역지소유자를 (　　), 요역지소유자를 (　　)로 하여 공동으로 신청함이 원칙이다.　제21·24회

2. 지역권에 관한 등기

(1) 지역권의 의의와 객체

① 지역권이란 토지의 소유자가 설정계약에서 정한 일정한 목적을 위하여 타인의 토지를 자기토지의 편익에 사용하는 용익물권을 말한다.

② **객체**: 요역지는 1필의 전부이어야 하며, 그 일부를 위한 지역권설정등기는 할 수 없다.

(2) 등기신청절차

① **신청인**: 승역지소유자(등기의무자)와 요역지소유자(등기권리자)가 공동신청 (단, 소유권자 이외에 **지상권자, 전세권자**도 당사자가 될 수 있다)

② 신청정보의 필요적 기재사항
　㉠ **지역권설정의 목적**: 통행, 인수, 관망 등
　㉡ 지역권설정의 범위
　㉢ 요역지의 표시
　✚ **임의적 기재사항**: 부종성 배제 특약, 용수지역권에 관한 약정 등(지역권자와 지역권설정자는 기록하지 아니한다)

③ 등기의 실행에 관한 특칙
　㉠ **관할 등기소**: 승역지 관할 등기소에 등기신청
　㉡ **요역지지역권등기(지역권 뜻의 등기)**
　　ⓐ 등기관이 승역지에 지역권설정의 등기를 하였을 때에는 직권으로 요역지의 등기기록에 다음의 사항을 기록하여야 한다.

> - 순위번호
> - 등기목적
> - 승역지
> - 지역권설정의 목적
> - 범위
> - 등기연월일

　　ⓑ 등기관이 승역지에 지역권변경 또는 말소의 등기를 하였을 때에는 직권으로 요역지의 등기기록에 변경 또는 말소의 등기를 하여야 한다.

(3) 등기의 실행

을구에 주등기로 행하여진다. 전세권자가 지역권을 설정해 주는 경우에는 **전세권등기에 부기등기**한다.

기출정답

01 요역지의 등기기록
02 등기의무자, 등기권리자

3. 전세권에 관한 등기

(1) 전세권의 의의와 객체

① **의의**: 전세권이란 전세금을 지급하고 타인의 부동산을 점유하여 그 부동산을 용도에 따라 사용·수익하고 전세권이 소멸하면 후순위채권자보다 전세금을 우선변제 받을 수 있는 용익물권을 말한다.

② **객체**: 부동산의 특정일부에는 전세권설정이 가능하지만, 공유지분에 대한 전세권설정·이중전세권설정등기는 허용되지 아니한다(농지에 대한 전세권설정등기는 허용되지 않는다).

(2) 등기절차

① **신청인**: 전세권자(등기권리자)와 전세권설정자(등기의무자)가 공동으로 신청한다.

② **신청정보의 필요적 기재사항**
  ㉠ 전세금
  ㉡ 전세권의 범위

③ **신청정보의 임의적 기재사항**: 존속기간, 위약금 또는 배상금, 전세권양도금지 특약

(3) 등기의 실행 – 을구에 주등기

(4) 전세권의 이전등기 – 부기등기

> **★ 개념 PLUS | 전세금반환채권의 일부 양도에 따른 전세권 일부이전등기**
>
> 1. 등기관이 전세금반환채권의 일부 양도를 원인으로 한 전세권 일부이전등기를 할 때에는 양도액을 기록한다.
> 2. 전세권 일부이전등기의 신청은 전세권의 존속기간의 만료 전에는 할 수 없다. 다만, 존속기간 만료 전이라도 해당 전세권이 소멸하였음을 증명하여 신청하는 경우에는 그러하지 아니하다.

⚡기출

01 등기원인에 위약금약정이 있는 경우, 등기관은 전세권설정등기를 할 때 이를 기록( ). 제25회

02 부동산의 일부에 대한 전세권설정등기 신청서에는 그 도면을 첨부하여야 할 것인바, 다만 전세권의 목적인 범위가 건물의 일부로서 특정층 전부인 때에는 그 도면을 첨부할 필요가 ( ). 제33회

03 전세금반환채권의 일부양도를 원인으로 하는 전세권 일부이전등기의 신청은 전세권소멸의 증명이 없는 한, 전세권 존속기간 만료 전에는 할 수 ( ). 제25·27·31회

기출정답

01 한다 **02** 없다 **03** 없다

(5) 전세권의 말소등기 - 원칙적으로 공동신청, 예외적으로 단독신청

> **개념 PLUS** | 존속기간이 만료된 건물전세권의 존속기간 변경 없이 전세권이전등기 또는 전세권에 대한 저당권을 설정할 수 있는지 여부(소극)
>
> 건물전세권의 법정갱신은 법률의 규정에 의한 물권변동이므로 전세권자는 전세권갱신에 관한 등기 없이도 전세권설정자나 그 건물을 취득한 제3자에 대하여 권리를 주장할 수 있으나, 법정갱신된 건물전세권에 대하여 전세권이전등기나 전세권에 대한 저당권을 설정하기 위해서는 존속기간을 연장하는 변경등기의 신청을 선행 또는 동시에 하여야 한다.

4. 임차권에 관한 등기

(1) 임차권의 의의

임차권이란 임대인이 임차인에게 목적물을 사용·수익하게 할 것을 약정하고 임차인이 이에 대하여 차임을 지급할 것을 약정함으로써 성립하는 채권계약이다. 임차권등기를 하면 제3자에게 대항할 수 있는 대항력이 생긴다.

(2) 등기신청절차

① **신청인**: 임차인이 등기권리자, 임대인이 등기의무자가 되어 공동으로 신청한다.
② **신청정보의 필요적 기재사항**
  ㉠ 차임
  ㉡ 범위
    + **임의적 기재사항**: 차임지급시기, 존속기간, 임차보증금, 임차권의 양도 또는 임차물의 전대에 대한 임대인의 동의

(3) 등기의 실행 - 을구에 주등기

(4) 임차권등기명령제도

① **의의**: 임대차계약이 종료하고 보증금을 반환받지 못한 경우에는 임차인은 법원에 임차권등기명령을 신청할 수 있고, 법원이 심사하여 신청이 이유 있는 경우에는 법원은 임차권등기명령을 촉탁하게 된다.
② **등기신청절차**
  ㉠ 임대차가 종료되었을 것
  ㉡ 보증금의 전부 또는 일부를 반환받지 못하였을 것

기출

01 공유지분에 대한 임차권을 등기할 수 ( ).
제36회

기출정답
01 없다

ⓒ **관할 법원의 촉탁**: 법원은 신청이 이유 있을 때에는 관할 등기소에 임차권등기를 촉탁한다.
③ **등기의 실행**
  ㉠ 을구에 주등기로 실행한다.
  ㉡ **직권보존등기**: 미등기건물인 경우에 직권으로 보존등기 후 임차권등기를 기록한다.
④ **임차권등기명령에 따른 등기의 효력**
  ㉠ 주택임차권등기가 경료되면 임차인은 대항력과 우선변제권을 취득한다. 다만, 이전에 대항력 또는 우선변제력을 취득한 경우에는 이전의 등기의 효력이 그대로 유지된다.
  ㉡ 임차권등기명령에 의한 임차권등기가 경과된 주택을 이후에 임차한 임차인은 소액보증금의 우선변제권(최우선변제권)을 받을 권리가 없다.

05 담보권에 관한 등기 〔빈출〕

1. 저당권에 관한 등기

(1) 저당권의 의의와 객체

① 저당권은 채무자 또는 제3자(물상보증인)가 채무의 담보로 제공한 부동산 기타의 목적물을 채권자가 인도받지 않고 관념적으로만 지배하며 채무의 변제가 없는 경우에는 그 목적물로부터 우선변제를 받을 수 있는 약정담보물권이다.
② **객체**: 부동산소유권·지상권·전세권·공유지분에 대한 저당권설정등기는 허용하지만, 부동산의 특정일부에 대한 저당권설정등기는 허용하지 아니한다.

(2) 저당권설정등기

① **신청인**: 등기권리자(저당권자)와 등기의무자(채무자 또는 물상보증인)
② **신청정보의 필요적 기재사항**
  ㉠ 채권액 또는 채권의 가액
  ㉡ 채무자의 성명과 주소
  ㉢ **권리의 표시**: 저당권의 목적이 소유권 외의 권리인 경우에는 그 권리를 표시
  ✚ **임의적 기재사항**: 변제기, 이자 및 그 발생기·지급시기, 원본 또는 이자의 지급장소, 채무불이행으로 인한 손해배상에 관한 약정, 부합물·종물에 저당권의 효력이 미치지 않는다는 특약, 채권의 조건

⚡기출

01 임차권등기명령에 의한 주택임차권등기가 경료된 경우, 그 등기의 이전등기는 허용( ).
제27·35회

02 등기관이 일정한 금액을 목적으로 하지 아니하는 채권을 담보하기 위한 저당권설정의 등기를 할 때에는 그 ( )을 기록하여야 한다.
제25·26·28·30회

03 등기관이 공동저당의 설정등기를 하는 경우, 공동저당의 목적이 된 부동산이 ( )개 이상일 때에는 등기관은 공동담보목록을 전자적으로 작성하여야 한다.
제28·30·35회

기출정답
01 되지 아니한다
02 채권의 평가액 **03** 5

③ **첨부정보**
  ㉠ 저당권설정계약서, 등기필정보, **공동담보목록**(담보부동산이 5개 이상인 경우), 인감증명(전세권 목적의 저당권설정등기의 경우에는 등기의무자의 인감증명은 필요없다) 등은 첨부한다.
  ㉡ 검인계약서, 주소증명서면, 대장등본, 도면 등은 별도로 첨부할 필요가 없다.
④ **등기의 실행**: 소유권목적의 저당권설정등기는 을구에 주등기로, 지상권 또는 전세권을 목적으로 하는 저당권설정등기는 을구에 부기등기로 실행한다.

(3) 저당권이전등기

① **신청인**: 저당권의 양수인이 등기권리자, 양도인(저당권자)이 등기의무자
② **신청정보의 필요적 기재사항**
  ㉠ 채권의 일부의 양도나 대위변제로 인한 저당권의 이전의 등기를 신청하는 경우에는 양도액 또는 변제액
  ㉡ 저당권의 이전등기를 신청하는 경우에는 신청서에 저당권이 채권과 같이 이전한다는 뜻
③ **첨부정보**: 채권양도를 증명하는 서면(통지서 등)은 첨부를 요하지 아니한다.
④ **등기의 실행**: 저당권의 이전등기는 언제나 **부기등기**에 의한다.

(4) 저당권변경등기

① **의의**: 채무자의 변경 또는 채권액(근저당권의 경우는 채권최고액), 이자, 변제기 등의 변경이 있는 경우에 하는 등기
② **등기신청인**: 등기권리자와 등기의무자가 공동으로 신청한다.
③ **등기의 실행**
  ㉠ **부기등기**: 이해관계인이 존재하지 않거나, 그의 승낙서나 이에 대항할 수 있는 재판등본을 첨부한 경우
  ㉡ **주등기**: 이해관계인의 승낙서를 첨부하지 못한 경우

(5) 저당권말소등기

① **의의**: 저당채무의 변제·경매 등으로 저당권이 소멸한 경우에 행하여지는 등기이다.
② **등기신청인**
  ㉠ 등기권리자(저당권설정자)와 등기의무자(저당권자)가 공동으로 신청한다.

⚡기출

01 채권의 일부에 대하여 양도로 인한 저당권 일부 이전등기를 할 때 (   )을 기록해야 한다.
제28·30회

02 저당권의 이전등기를 신청하는 경우에는 (   )는 뜻을 신청정보의 내용으로 등기소에 제공하여야 한다.
제24·28회

기출정답
01 양도액 02 저당권이 채권과 같이 이전한다

ⓒ 저당권설정등기 이후에 소유권이 제3자에게 이전되는 경우에는 등기권리자는 저당권설정자 또는 제3취득자 모두 가능하다.
ⓒ 저당권이 이전된 경우에 저당권말소등기를 신청하는 경우 저당권의 양수인만이 등기의무자이다.

③ 등기의 실행
㉠ **등기의 형식**: **주등기** 형식에 의한 말소
㉡ **직권말소**: 말소할 저당권을 목적으로 하는 제3자의 권리에 관한 등기는 승낙서가 첨부된 경우에는 직권으로 말소한다. 즉, 저당권이 이전된 경우 저당권설정등기(주등기)가 말소되면 부기등기인 저당권이전등기는 직권으로 말소한다.

2. 근저당권등기(등기예규 제1816호)

(1) 근저당권의 의의

① 근저당권이란 계속적인 거래관계로부터 발생하는 장래 증감·변동하는 불특정의 채권을 장래 결산기에서 일정한 한도까지 담보하기로 하는 저당권을 말한다.
② 근저당권은 불특정 채권을 담보한다는 점과 저당권소멸시 부종성이 요구되지 않는다는 점이 통상의 저당권과 다르다.

(2) 근저당권설정등기

① 신청정보의 기재사항
㉠ **근저당권설정계약**이라는 취지, **채권의 최고액** 및 **채무자**를 기재한다.
㉡ 부합물·종물에 저당권의 효력이 미치지 않는다는 특약, **존속기간**은 임의적 사항이다.
㉢ 근저당설정등기를 함에 있어 그 채권최고액은 반드시 단일하게 기재하여야 하고, 그 근저당권의 채권자 또는 채무자가 수인일지라도 각 채권자 또는 채무자별로 채권최고액을 구분하여 기재할 수 없다.
㉣ 채무자가 수인인 경우 그 수인의 채무자가 연대채무자라 하더라도 등기기록에는 단순히 채무자로 기재하여야 한다.
㉤ 채권최고액을 외국통화로 표시하여 신청정보로 제공한 경우에는 외화표시금액을 채권최고액으로 기록한다(예 미화 금 ○○달러).
② **등기의 실행**: 을구에 주등기로 실행한다.

⚡기출

01 근저당권설정등기에는 ( )가 반드시 기재되어야 하지만, 근저당권의 존속기간은 그렇지 않다.
제29·31회

02 채권자가 수인인 근저당권의 설정등기를 할 경우, 채권최고액을 ( )하게 등기부에 기록한다.
제26·31·34회

03 근저당권의 피담보채권이 확정되기 전에 그 피담보채권이 양도된 경우, 이를 원인으로 하여 근저당권이전등기를 신청할 수 ( ).
제26회

기출정답
01 채권최고액과 채무자
02 단일 **03** 없다

(3) 근저당권이전등기와 채무자변경으로 인한 저당권변경등기

근저당권 이전등기	확정 전	① 피담보채권이 양도된 경우에 이를 원인으로 이전등기를 신청할 수 **없다**. ② 기본계약상의 채권자 지위가 제3자에게 전부 양도된 경우, 양도인 및 양수인은 **계약 양도**를 등기원인으로 기재
	확정 후	피담보채권이 양도 또는 대위변제된 경우에 근저당권자 및 채권양수인 또는 대위변제자는 등기원인은 **확정채권 양도** 등으로 기재
근저당권 변경등기 (채무자변경)	확정 전	기본계약상의 채무자 지위를 제3자가 계약에 의해 인수한 경우, 근저당권설정자 및 근저당권자는 **계약인수, 중첩적 계약인수**를 등기원인으로 기재
	확정 후	제3자가 그 피담보채무를 인수한 경우에 등기원인을 **확정 채무의 면책적 인수, 확정채무의 중첩적 인수** 등으로 기재

(4) 채권최고액의 증감으로 인한 근저당권변경등기

① **채권최고액을 증액**: 근저당권자가 등기권리자, 근저당권설정자가 등기의무자
② **채권최고액을 감액**: 근저당권설정자가 등기권리자, 근저당권자가 등기의무자
③ 채권최고액의 증액으로 인한 근저당권변경등기를 신청하는 경우 이해관계인이 없거나 승낙서를 첨부하면 부기등기, 이해관계인의 승낙서 첨부가 없으면 주등기에 의한다.

(5) 근저당권말소등기

① 근저당권설정등기의 말소를 함에 있어 근저당권설정 후 소유권이 제3자에게 이전된 경우에 근저당권설정자 또는 제3취득자가 근저당권자와 공동으로 그 말소등기를 신청할 수 있다.
② 근저당권이 이전된 후 근저당권설정등기의 말소등기를 신청하는 경우에 근저당권의 양수인이 근저당권설정자(소유권이 제3자에게 이전된 경우에는 제3취득자)와 공동으로 그 말소등기를 신청할 수 있다.

3. 권리질권설정등기

(1) 권리질권의 의의

권리질권이란 저당권부채권과 같이 양도성이 있는 재산권을 담보로 하는 질권을 의미한다. 저당권으로 담보한 채권을 질권의 목적으로 하는 때에는 그 저당권에 질권설정의 부기등기를 하면 그 질권의 효력은 저당권에도 미치게 된다.

> ⚡ 기출
> 01 저당권으로 담보한 채권을 질권의 목적으로 한 경우, 그 저당권등기에 질권의 ( )를 하여야 그 질권의 효력이 저당권에 미친다. 제20회
>
> 기출정답
> 01 부기등기

(2) 등기신청인

등기권리자(질권자)와 등기의무자(저당권자)가 공동신청한다.

(3) 신청정보의 기재사항

① 채권액 또는 채권최고액
② 채무자의 성명 또는 명칭과 주소 또는 사무소소재지
③ 질권의 목적인 채권을 담보하는 저당권의 표시

(4) 등기의 실행 - 저당권등기에 부기등기

각종 권리등기의 특수적 필요적 기재사항

구분	특수적 필요적 기재사항	첨부정보	특징
지상권	• 지상권설정의 목적 • 지상권설정의 범위	• 신청정보 • 지상권설정계약서 • 등기필정보 · 인감증명 • 토지거래허가서	구분지상권
지역권	• 지역권설정의 목적 • 지역권설정의 범위 • 요역지 · 승역지의 표시	• 신청정보 • 지상권설정계약서 • 등기필정보 · 인감증명	• 승역지의 지역권등기 • 요역지의 지역권등기 (등기관의 직권등기)
전세권	• 전세금 또는 전전세금 • 전세권의 목적인 범위	• 신청정보 • 전세권설정계약서 • 등기필정보 · 인감증명 • 공동전세목록	-
저당권	• 채권액 • 채무자의 표시 • 권리의 표시(소유권 이외)	• 신청정보 • 저당권설정계약서 • 등기필정보 · 인감증명	등기관이 공동담보가 5개 이상이면 공동담보목록을 작성
근저당권	• 채권최고액 • 채무자 • 근저당권설정계약의 뜻	-	• 채권최고액은 당사자가 수인인 경우에 단일하게 기재 • 수인의 채무자가 연대채무자인 경우 채무자로 기재

권리질권	• 질권의 목적인 권리 표시 • 채권액 • 채무자	-	권리질권의 목적인 저당권등기에 부기등기
임차권	• 차임 • 범위	• 신청정보 • 임차권설정계약서 • 등기필정보 · 인감증명	주택임차권등기명령제도

✚ 용익권설정등기의 범위가 부동산의 일부인 경우에는 **도면**을 첨부한다.

06 구분건물에 관한 등기

1. 의의 및 요건

(1) 의의

구분건물이란 1동의 건물을 구조상 내부적으로 구분하여 법률상 독립된 소유권의 목적이 될 수 있는 건물부분을 말한다.

(2) 구분건물의 요건

① **구조상**의 독립성과 **이용상**의 독립성이 갖추어져야 한다.
② **구분소유의사**가 있어야 한다.

2. 전유부분과 공용부분

(1) 전유부분

① 단독소유권의 목적이 될 수 있으므로 독립하여 등기의 대상이 된다.
② **전유부분과 공용부분과의 일체성**: 전유부분과 공용부분은 분리하여 처분할 수 없다. 그러나 전유부분에 대한 처분이 있는 경우에는 공용부분도 이에 당연히 따른다.

(2) 공용부분

① 구조상 공용부분(예 복도, 계단 등): 등기능력 없음
② 규약상 공용부분(예 관리사무소, 노인정 등): 등기능력 있음

⚡기출

01 구분건물로 될 수 있는 객관적 요건을 갖춘 경우에는 건물소유자는 구분건물로 (   ).
제18·21회

기출정답

01 등기할 수 있다

3. 규약상 공용부분에 관한 등기

(1) 규약상 공용부분 뜻의 등기

① 공용부분이라는 뜻의 등기는 신청정보에 그 뜻을 정한 규약이나 공정증서를 첨부하여 소유권의 등기명의인이 신청하여야 한다.
② 규약상 공용부분 뜻의 등기신청을 받아 그 등기를 할 때에는 표제부에 공용부분이라는 뜻을 기록하고 각 구의 권리에 관한 등기는 말소하는 표시를 하여야 한다.

(2) 규약상 공용부분을 폐지하는 경우

① 공용부분이라는 뜻을 정한 규약을 폐지할 경우에는 공용부분의 취득자는 지체 없이 등기를 신청하여야 한다(규약의 폐지를 증명하는 정보를 첨부).
② 등기신청이 있는 경우에 그 등기는 갑구에 소유권보존등기를 한다. 이 경우 그 등기를 한 때에는 공용부분이라는 뜻의 기록 내용은 말소하는 표시를 하여야 한다.

4. 대지권에 관한 등기

(1) 건물의 대지

건물의 대지에는 1동의 건물이 소재하는 법정대지와 1동의 건물이 실제로 소재하는 대지가 아니나 규약으로 법정대지와 같이 취급하기로 한 대지인 규약대지가 있다.

(2) 대지사용권

① 대지사용권이란 건물의 구분소유자가 전유부분을 소유하기 위하여 건물의 대지에 대하여 갖는 권리를 말한다.
② 대지사용권의 종류에는 토지에 대한 소유권, 지상권, 전세권, 임차권(지역권 제외)이 있다.

(3) 대지권등기

① 대지권이란 구분건물의 소유자가 전유부분을 소유하기 위하여 구분건물의 대지에 대하여 가지고 있는 권리인 대지사용권(소유권, 지상권, 전세권, 임차권) 중 전유부분과 분리하여 처분할 수 없는 것을 말한다.
② 1동 건물의 표제부(대지권의 목적인 토지의 표시란): 대지권의 목적인 토지의 일련번호, 토지의 소재, 지번, 지목, 면적과 등기연월일을 각 기록하여야 한다.

⚡기출

01 집합건물의 규약상 공용부분에 대해 공용부분이라는 뜻을 정한 규약을 폐지한 경우, 공용부분의 취득자는 (   ) 소유권보존등기를 신청해야 한다.
제27·31·34회

02 구분건물을 신축하여 양도한 자가 그 건물의 대지사용권을 나중에 취득해 이전하기로 약정한 경우, (   )과 공동으로 대지사용권에 관한 이전등기를 신청할 수 있다.
제27회

03 등기관이 구분건물의 대지권등기를 하는 경우에는 대지권의 목적인 토지의 등기기록에 (   )는 직권으로 기록하여야 한다.
제20·29회

기출정답
01 지체 없이
02 현재 구분건물의 소유명의인
03 대지권 뜻의 등기

③ **구분건물의 표제부(대지권의 표시란)**: 대지권의 목적인 토지의 표시(토지의 일련번호로 갈음), 대지권의 종류, 비율, 등기원인 및 그 연월일과 등기연월일을 기록한다.

(4) 대지권 뜻의 등기

① 등기관이 건물의 등기기록에 대지권의 등기를 한 경우에 그 권리의 목적인 토지의 등기기록 중 해당구에 대지권이 있다는 뜻을 직권으로 등기하여야 한다.
② 대지권 뜻의 등기를 하는 경우에 어느 권리가 대지권인 뜻과 그 대지권을 등기한 1동의 건물을 표시할 수 있는 사항 및 그 연월일을 기록하고 등기관이 날인하여야 한다.

(5) 대지권등기를 한 건물에 대한 등기의 효력

① 대지권을 등기한 건물에 소유권에 관한 등기를 신청하는 경우에 신청정보에 대지권을 적어야 한다. 다만, 건물만에 관한 등기를 신청하는 경우에는 그러하지 아니하다.
② 건물만에 관한 등기를 신청하는 경우에는 그 등기에 건물만에 관한 것이라는 뜻을 부기하여야 한다.
③ 대지권을 등기한 후에 한 건물에 대한 소유권에 관한 등기로서 건물만에 관한 것이라는 뜻의 부기가 없는 것은 대지권에 대하여 동일한 등기로서의 효력이 있다.
④ 대지권을 등기한 건물에 대하여 소유권 외의 권리에 관한 등기를 신청하는 경우에는 그 등기에 건물만에 관한 것이라는 뜻을 부기하여야 한다.
⑤ 대지권을 등기한 건물에 대한 소유권 외의 권리에 관한 등기로서 건물만에 관한 뜻의 부기가 없는 경우에는 대지권에 대하여 동일한 등기로서의 효력이 있다.
⑥ 대지권에 대한 등기로서의 효력이 있는 등기와 대지권의 목적인 토지의 등기기록 중 해당구에 한 등기의 순서는 접수번호에 따른다.

(6) 분리처분의 금지 - 대지권등기 후의 소유권이전등기 등의 금지

① **토지소유권이 대지권인 경우**
   ㉠ 분리처분이 금지되는 등기
      ⓐ 소유권이 대지권인 경우에 그 뜻의 등기를 하였을 때에는 그 토지의 등기기록에는 소유권이전등기를 하지 못한다(소유권이전가등기·가압류·압류도 포함).

⚡ **기출**

01 대지권이 등기된 구분건물의 등기기록에는 건물만을 목적으로 하는 (   )를 하지 못한다.
제25·29회

02 집합건물에 있어서 특정 전유부분의 대지권에 대하여는 전세권설정등기를 할 수가 (   ).
제33회

기출정답
01 저당권설정등기
02 없다

ⓑ 대지권인 뜻의 등기를 한 토지의 등기기록에는 대지권을 목적으로 하는 저당권설정등기를 하지 못한다.

ⓒ 처분이 가능한 등기

ⓐ 토지 또는 건물만을 목적으로 하는 용익물권(지상권 · 지역권 · 전세권), 임차권설정등기는 가능하다.

ⓑ 대지권등기 전의 토지에 설정된 저당권의 실행에 의한 경매신청등기 및 매각으로 인한 소유권이전등기를 할 수 있다.

ⓒ 대지권등기 전에 토지만에 관한 소유권이전청구권가등기에 기한 본등기를 할 수 있다.

② 토지에 관한 지상권 · 임차권 · 전세권이 대지권인 경우

ⓒ 분리처분이 금지되는 등기

ⓐ 토지의 등기기록에 지상권 · 전세권 · 임차권의 이전등기는 하지 못한다.

ⓑ 토지의 등기기록에 지상권, 전세권을 목적의 저당권설정등기는 하지 못한다.

ⓒ 처분이 가능한 등기: 토지소유자의 토지를 목적으로 하는 소유권이전등기와 저당권설정등기는 허용된다.

구분	금지되는 등기	허용되는 등기
소유권이 대지권	토지 또는 건물만을 목적으로 하는 소유권이전등기(가등기, 가압류, 압류등기), 저당권설정등기	토지 또는 건물만을 목적으로 하는 용익물권, 임차권등기, 대지권등기 전의 처분금지가처분등기
지상권 등이 대지권	토지에 관한 지상권, 전세권이전등기, 지상권(전세권)목적의 저당권설정등기	토지를 목적으로 하는 소유권이전등기, 저당권설정등기

(7) 일체성의 예외가 있는 경우의 처리

① **건물등기기록에 별도의 등기가 있다는 뜻의 기록**: 등기관은 그 등기에 건물에만 효력이 미친다는 뜻을 부기하여야 한다.

② **토지등기기록에 별도의 등기가 있다는 뜻의 기록**: 등기관은 그 구분건물의 표제부에 토지등기기록에 별도의 등기가 있다는 뜻을 기록하여야 한다.

07 가등기 빈출

1. 의의

가등기란 본등기를 할 수 있는 요건이 갖추어지지 아니한 경우에 후일에 할 본등기의 권리의 순위를 미리 확보해 놓기 위하여 부동산물권변동을 목적으로 청구권을 보전하기 위하여 하는 예비등기를 말한다.

2. 가등기의 대상

(1) 가등기할 수 있는 권리

① 법 제3조에서 규정하고 있는 물권 또는 부동산임차권의 변동을 목적으로 하는 청구권에 관해서만 가등기를 할 수 있다.
② 본등기를 할 수 있는 권리는 모두 가등기의 대상이 될 수 있다. 소유권, 지역권, 지상권, 전세권, 저당권 등 물권은 물론 임차권 등도 가등기를 할 수 있다.

(2) 가등기할 수 있는 권리변동

① 가등기의 대상인 청구권은 물권변동을 목적으로 하는 채권적 청구권을 보전하기 위하여 인정하고, 물권적 청구권을 보전하기 위해서는 가등기를 할 수 없다.
② 청구권이 시기부·정지조건부인 때에 가능하다.
③ 기타 장래에 확정될 청구권일 때
④ 가등기는 권리의 설정·이전·변경·소멸의 청구권을 보전하기 위하여 한다.

기출
01 부동산소유권이전의 청구권이 ( )인 경우에는 그 청구권을 보전하기 위해 가등기를 할 수 있다. 제27·31·35회

TIP
소유권보존등기 또는 처분제한등기에 관하여는 가등기를 할 수 없다.

(3) 가등기의 허용 여부가 문제되는 경우

가등기가 가능한 경우	가등기가 불가능한 경우
• 채권적 청구권보전의 가등기 • 권리변경등기의 가등기 • 중복가등기 또는 이중가등기 • 가등기의 이전가등기 • 가등기의 이전금지가처분등기 • 채권적 청구권이 원인인 말소등기	• 물권적 청구권보전의 가등기 • 부동산표시변경등기의 가등기 • 소유권보존가등기 • 처분제한등기(가압류·가처분)의 가등기 • 가등기에 기한 본등기금지가처분등기 • 물권적 청구권이 원인인 말소등기 • 유언자가 생존 중에 신청한 유증을 원인으로 하는 소유권이전청구권가등기

기출정답
01 정지조건부

3. 가등기의 신청절차

(1) 신청인

① **공동신청의 원칙**: 가등기권리자와 가등기의무자가 공동신청함이 원칙
② **단독신청의 특칙(가등기권리자의 단독신청)**
  ㉠ 가등기는 신청정보에 가등기의무자의 승낙서를 첨부하여 가등기권리자가 단독으로 신청할 수 있다.
  ㉡ 가등기가처분명령에 의한 신청
    ⓐ 가등기가처분명령에 「민사집행법」의 가처분에 관한 규정은 준용되지 않는다.
    ⓑ 가등기가처분명령에 의하여 가등기권리자가 단독으로 가등기신청을 할 경우에는 등기의무자의 권리에 관한 등기필정보를 첨부할 필요가 없다.

(2) 가등기신청정보의 기재사항

가등기신청정보에는 필요적 기재사항을 기재하여야 한다. 등기목적은 '소유권이전청구권가등기' 등으로 기재하고, 매매예약을 원인으로 하는 가등기의 경우에 등기원인은 '매매예약'으로 하고 등기원인일자는 '매매예약서 작성일자'를 기재한다.

(3) 첨부정보

① 등기원인정보로써 매매계약서, 매매예약서, 대물반환예약서, 가등기가처분결정정본 등을 첨부하여야 한다.
② 가등기를 신청하는 경우에 공동신청의 경우에도 등기의무자의 권리에 관한 등기필정보는 첨부할 필요가 없으나 실무에서는 항상 첨부하고 있다.
③ 가등기의무자가 소유권의 등기명의인인 경우 가등기의무자의 인감증명을 첨부한다.
④ 농지에 대한 소유권이전청구권가등기의 신청서에는 농지취득자격증명을 첨부할 필요가 없으나, 토지거래허가구역 내의 토지에 대한 소유권이전청구권가등기나 지상권설정청구권가등기의 신청정보에는 토지거래허가서를 첨부하여야 한다.

(4) 가등기의 실행

① **해당구에 기록**: 소유권에 관한 가등기는 갑구, 소유권 이외의 권리의 가등기는 을구에 기록한다.

⚡ 기출

01 가등기가처분명령은 판결에 해당하므로 ( )으로 신청한다.
제26・27・32・33회

02 등기를 명하는 가처분명령은 ( )를 관할하는 지방법원이 가등기권리자의 신청으로 가등기 원인사실의 소명이 있는 경우에 할 수 있다.
제27・31회

기출정답
01 단독
02 부동산의 소재지

② **가등기의 형식**: 가등기에 의하여 실행되는 **본등기 형식**에 따른다(소유권이전청구권보전의 가등기는 주등기, 소유권 이외의 권리의 이전등기의 가등기는 부기등기).

(5) 가등기의 효력

① **가등기 자체의 효력**: 가등기는 예비등기의 일종에 해당하므로 가등기 자체로서는 어떠한 실체적 권리변동이 발생하는 효력은 없으며 가등기에 기한 본등기를 청구할 수 있는 청구권보전의 효력은 있다.

② **순위보전의 효력**: 가등기에 기하여 본등기를 경료하면 본등기의 순위는 가등기의 순위에 의하므로 가등기는 본등기 순위보전의 효력을 가진다. 다만, 물권변동효력은 본등기시에 일어나고 가등기시로 소급하지 않는다.

③ **담보가등기**: 채권을 담보하기 위하여 채권자가 채무자의 부동산에 가등기를 하는 것을 담보가등기라고 하는데, 이는 「가등기담보 등에 관한 법률」이 적용되어 저당권과 유사한 효력이 인정되며 우선변제권이 인정된다.

4. 가등기상 권리의 이전등기절차

(1) 가등기상 권리를 제3자에게 양도한 경우에 양도인과 양수인은 공동으로 그 가등기상 권리의 이전등기를 신청할 수 있고, 이전등기는 **가등기에 대한 부기등기**의 형식으로 한다.

(2) 가등기상 권리의 이전등기 신청은 가등기된 권리 중 일부지분에 관해서도 할 수 있다. 이 경우 등기신청정보에는 이전되는 지분을 기재하고 등기기록에도 그 지분을 기록한다.

5. 가등기에 기한 본등기절차

(1) 본등기의 등기신청인

① **원칙**: 가등기에 기한 본등기는 가등기권리자와 가등기의무자가 공동으로 신청하여야 한다. 가등기에 의한 본등기 신청의 등기의무자는 **가등기를 할 때의 소유자**이며, 가등기 후에 제3자에게 소유권이 이전된 경우에도 가등기의무자는 변경되지 않는다.

② **가등기권자가 사망한 경우**: 가등기권자의 상속인은 상속등기를 할 필요없이 상속을 증명하는 정보를 첨부하여 가등기의무자와 공동으로 본등기를 신청할 수 있다(가등기의무자가 사망한 경우도 동일).

⚡ **기출**

01 소유권이전등기청구권보전을 위한 가등기권리자는 그 본등기를 명하는 판결이 확정된 경우라도 가등기에 기한 본등기를 마치기 전 가등기만으로는 가등기된 부동산에 경료된 무효인 중복소유권보존등기의 말소를 청구할 수 ( ). 제32회

02 가등기에 의하여 보전된 소유권이전청구권을 양도한 경우, 그 청구권의 이전등기는 가등기에 대한 ( )로 한다. 제28·35회

03 甲이 자신의 토지에 대해 乙에게 저당권설정청구권 보전을 위한 가등기를 해준 뒤 丙에게 그 토지에 대해 소유권이전등기를 했더라도 가등기에 기한 본등기 신청의 등기의무자는 ( )이다. 제29·33회

04 하나의 가등기에 관하여 여러 사람의 가등기권리자가 있는 경우에 그 중 일부의 가등기권리자가 자기의 가등기 지분에 관하여 본등기를 신청할 수 ( ). 제23·30·33회

기출정답
01 없다 02 부기등기
03 甲   04 있다

③ **공동가등기권자가 있는 경우**: 가등기권자 모두가 공동의 이름으로 본등기를 신청하거나, 그 중 일부의 가등기권자가 자기의 가등기지분에 관하여 본등기를 신청할 수 있지만, **일부의 가등기권자**가 공유물보존행위에 준하여 가등기 **전부에 관한 본등기**를 신청할 수는 **없다**.

(2) 등기원인정보 및 첨부정보

① 매매예약을 원인으로 한 가등기에 의한 본등기를 신청하는 경우에 본등기의 원인일자는 매매예약완결의 의사표시를 한 날로 기재하여야 하나, 등기원인을 증명하는 정보로 매매계약서를 첨부하여야 한다.
② 가등기에 의한 본등기를 신청할 때에는 가등기의 등기필정보가 아닌 등기의무자의 권리에 관한 등기필정보를 첨부하여야 한다.

(3) 다른 원인으로 소유권이전등기를 한 경우

소유권이전청구권가등기권자가 가등기에 의한 본등기를 하지 않고 다른 원인에 의한 소유권이전등기를 한 후에는 다시 그 가등기에 의한 본등기를 할 수 없다. 다만 가등기 후 위 소유권이전등기 전에 제3자 앞으로 처분제한의 등기가 되어 있거나 중간처분의 등기가 된 경우에는 그러하지 아니하다.

(4) 본등기 후의 조치(등기예규 제1849호)

구분	내용
소유권에 관한 본등기	① 가등기 후 본등기 전에 경료된 소유권이전등기, 제한물권설정등기, 가압류, 가처분등기, 경매신청등기, 가등기의무자의 사망으로 인한 상속등기 등은 본등기와 양립할 수 없으므로 직권으로 말소한다. ② 그러나 다음의 권리는 직권말소하지 아니한다. • 해당 가등기상의 권리를 목적으로 하는 가압류 또는 가처분등기 • 가등기 전에 경료된 담보가등기, 전세권 및 저당권에 기한 임의경매개시결정등기와 가등기 전에 경료된 가압류에 기한 강제경매개시결정등기
용익권에 관한 본등기	① 가등기 후 본등기 전에 경료된 용익물권 또는 임차권등기는 본등기와 양립할 수 없으므로 직권말소한다. ② 가등기 후 본등기 전에 경료된 소유권에 관한 등기 또는 저당권설정등기는 위 본등기와 양립할 수 있으므로 직권말소할 수 없다.
저당권에 관한 본등기	가등기 후에 경료된 제3자 명의의 등기는 저당권설정의 본등기와 양립할 수 있으므로 직권말소할 수 없다.

> **⚡ 기출**
>
> **01** 소유권이전등기 청구권보전의 가등기에 의하여 소유권이전의 본등기를 한 경우, 가등기 후 본등기 전에 마쳐진 해당 가등기상 권리를 목적으로 하는 가압류등기는 등기관이 직권으로 말소할 수 ( ).
> 제25·27·32·33회
>
> **02** 임차권설정등기청구권보전 가등기에 의한 본등기를 한 경우 가등기 후 본등기 전에 마쳐진 저당권설정등기는 직권말소의 대상( ). 제32회
>
> **03** 1필의 토지 전부에 대한 지상권설정등기청구권보전가등기에 의해 지상권설정의 본등기가 행해진 경우, 가등기 후 본등기 전에 마쳐진 등기로서 ( )등기는 직권말소의 대상이다. 제28·36회
>
> **기출정답**
> **01** 없다 **02** 이 아니다
> **03** 지상권, 지역권, 전세권, 임차권

6. 가등기의 말소등기

(1) 신청형태

① **원칙**: 가등기말소등기는 가등기권리자와 가등기의무자가 공동으로 신청한다.
② **예외**: 단독신청의 특칙
  ㉠ 가등기의 말소는 가등기명의인이 신청할 수 있다. 소유권에 관한 가등기 명의인이 가등기말소를 신청하는 경우에는 그의 인감증명서도 첨부하여야 한다.
  ㉡ 신청정보에 가등기명의인의 승낙서 또는 이에 대항할 수 있는 재판의 등본을 첨부한 경우에는 등기상의 이해관계인이 가등기의 말소를 신청할 수 있다.

(2) 등기필정보

가등기명의인이 가등기의 말소를 신청하는 경우에는 가등기명의인의 권리에 관한 등기필정보(가등기필정보)를 첨부하여야 한다.

08 가처분등기

1. 의의

가처분은 금전채권 이외의 권리 또는 법률관계의 확정판결의 강제집행을 보전하기 위한 집행보전제도를 말한다. 부동산의 처분을 금지하는 가처분은 채권자가 금전 이외의 물건이나 권리를 대상으로 하는 청구권을 가지고 있을 때 그 강제집행시까지 계쟁물이 처분 또는 멸실되는 등 법률적 또는 사실적 변경이 생기는 것을 방지하고자 그 계쟁물의 현상을 유지하고자 하는 집행보전제도이다.

암기 PLUS | 가압류와 가처분의 구별

구분	대상	청구금액
가압류	금전채권	청구금액을 기록함
가처분	금전채권 이외	청구금액을 기록하지 않음

⚡기출

01 가등기에 관하여 등기상 이해관계 있는 자도 가등기명의인의 승낙을 받아 (   )으로 가등기말소를 신청할 수 있다.
제23·29회

02 (   )는 청구금액을 기재하여야 하지만 (   )는 기재하지 아니한다.
제20·22회

기출정답
01 단독
02 가압류등기, 가처분등기

2. 가처분등기의 허용 여부

> **개념 PLUS | 가처분등기의 허용 여부**
>
> 1. **미등기부동산에 대한 가처분**
>   미등기부동산에 대한 법원의 처분제한의 등기촉탁을 한 경우 등기관은 직권으로 소유권보존등기를 하고 위의 처분제한등기를 하여야 한다.
> 2. **가등기에 기한 본등기를 금지하는 내용의 가처분등기**
>   가등기에 기한 본등기를 금지하는 내용의 가처분은 가등기상의 권리 자체의 처분의 제한에 해당하지 아니하므로 본등기를 금지하는 내용의 가처분등기는 수리하여서는 아니 된다.
> 3. **등기부상 1필지 내의 특정된 일부토지에 대한 소유권이전등기청구권을 보전하기 위한 처분금지가처분의 방법**
>   1필지 토지 전부에 대한 처분금지가처분결정에 기한 등기촉탁에 의하여 그 1필지 토지 전부에 대한 처분금지가처분등기를 하여야 한다.

3. 가처분등기의 촉탁

(1) 가처분으로 부동산의 양도나 저당을 금지한 때에는 법원은 등기부에 그 금지한 사실을 기록하게 하여야 한다.

(2) 가처분등기는 법원사무관 등이 **촉탁**한다.

4. 가처분등기의 실행

(1) 등기관이 가처분등기를 할 때에는 가처분의 **피보전권리와 금지사항**을 기록하여야 한다.

(2) 가처분의 피보전권리가 소유권 이외의 권리설정등기청구권으로서 소유명의인을 가처분채무자로 하는 경우에는 그 가처분등기를 등기기록 중 갑구에 한다.

5. 가처분등기의 효력

(1) 처분금지가처분등기의 효력에 관하여 처분금지가처분에 위반한 양도 기타의 처분행위는 당연무효로 되는 것은 아니고 단지 가처분권자에게 대항할 수 없을 뿐이라는 상대적 무효설이 현재의 통설·판례이다.

(2) 처분금지가처분에 위반하는 처분행위는 가처분채무자와 그 상대방 사이에서는 유효하므로 그 처분행위를 원인으로 하는 등기신청은 적법한 것으로 이를 받아들여야 한다.

6. 가처분등기 이후의 등기의 말소

(1) 권리의 이전, 말소 또는 설정등기청구권을 보전하기 위한 처분금지가처분등기가 된 후 가처분채권자가 가처분채무자를 등기의무자로 하여 권리의 이전, 말소 또는 설정의 등기를 신청하는 경우에는, 그 가처분등기 이후에 된 등기로서 가처분채권자의 권리를 침해하는 등기의 말소를 단독으로 신청할 수 있다.

(2) 등기관이 위 **(1)**의 신청에 따라 가처분등기 이후의 등기를 말소할 때에는 직권으로 그 가처분등기도 말소하여야 한다. 가처분등기 이후의 등기가 없는 경우로서 가처분채무자를 등기의무자로 하는 권리의 이전, 말소 또는 설정의 등기만을 할 때에도 또한 같다.

(3) 등기관이 위 **(1)**의 신청에 따라 가처분등기 이후의 등기를 말소하였을 때에는 지체 없이 그 사실을 말소된 권리의 등기명의인에게 통지하여야 한다.

> **개념 PLUS | 가처분등기 이후의 등기의 말소(규칙 제152조)**
>
> 1. 소유권이전등기청구권 또는 소유권이전등기말소등기(소유권보존등기말소등기를 포함)청구권을 보전하기 위한 가처분등기가 마쳐진 후 그 가처분채권자가 가처분채무자를 등기의무자로 하여 소유권이전등기 또는 소유권말소등기를 신청하는 경우에는, 가처분등기 이후에 마쳐진 제3자 명의의 등기의 말소를 단독으로 신청할 수 있다. 다만, 다음의 등기는 그러하지 아니하다.
>   ① 가처분등기 전에 마쳐진 가압류에 의한 강제경매개시결정등기
>   ② 가처분등기 전에 마쳐진 담보가등기, 전세권 및 저당권에 의한 임의경매개시결정등기
>   ③ 가처분채권자에게 대항할 수 있는 주택임차권등기 등
> 2. 가처분채권자가 위 1.에 따른 소유권이전등기말소등기를 신청하기 위하여는 위 1. ①~③의 권리자의 승낙이나 이에 대항할 수 있는 재판이 있음을 증명하는 정보를 첨부정보로서 등기소에 제공하여야 한다.

기출

01 처분금지가처분등기가 된 후 가처분채무자를 등기의무자로 하여 소유권이전등기를 신청하는 가처분채권자는 그 가처분등기 후에 마쳐진 제3자 명의의 소유권이전등기, 소유권 이외의 권리의 등기의 말소를 (　　)으로 신청할 수 있다. 제23·24·25회

기출정답
01 단독

해커스 공인중개사 홍승한 핵심요약집

2차 부동산공시법령

개정3판 1쇄 발행 2026년 1월 5일

지은이	홍승한
펴낸곳	해커스패스
펴낸이	해커스 공인중개사 출판팀
주소	서울시 강남구 강남대로 428 해커스 공인중개사
고객센터	1588-2332
교재 관련 문의	land@pass.com
	해커스 공인중개사 사이트(land.Hackers.com) 1:1 무료상담
	카카오톡 채널 [해커스 공인중개사]
학원 강의 및 동영상강의	land.Hackers.com
ISBN	979-11-7404-666-6 (13360)
Serial Number	03-01-01

저작권자 ⓒ 2026, 홍승한
이 책의 모든 내용, 이미지, 디자인, 편집 형태는 저작권법에 의해 보호받고 있습니다.
서면에 의한 저자와 출판사의 허락 없이 내용의 일부 혹은 전부를 인용, 발췌하거나, 복제, 배포할 수 없습니다.

공인중개사 시험 전문,
해커스 공인중개사 land.Hackers.com

해커스 공인중개사

- 해커스 공인중개사학원 및 동영상강의
- 해커스 공인중개사 온라인 전국 실전모의고사
- 해커스 공인중개사 무료 학습자료 및 필수 합격정보 제공

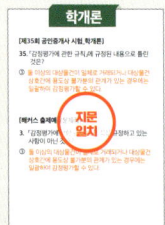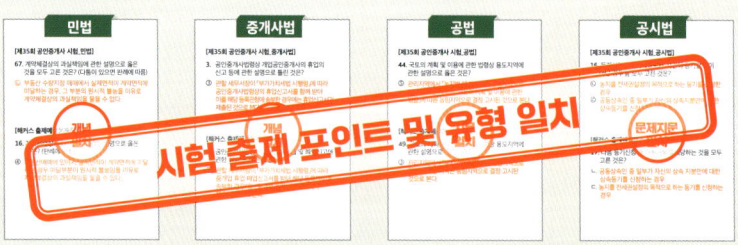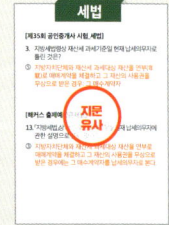